UM NARRADOR INCERTO,
ENTRE O ESTRANHO E O FAMILIAR

A ficção machadiana na psicanálise

Lucia Serrano Pereira

UM NARRADOR INCERTO, ENTRE O ESTRANHO E O FAMILIAR

A ficção machadiana na psicanálise

Editor
José Nazar

Copyright © 2004, by Editora Campo Matêmico

Direitos de edição em língua portuguesa adquiridos pela
EDITORA CAMPO MATÊMICO
Proibida a reprodução total ou parcial

CAPA
Confidences, *de Picasso, 1932*

EDITORAÇÃO ELETRÔNICA
Victoria Rabello

REVISÃO
Sandra Regina Felgueiras

EDITOR RESPONSÁVEL
José Nazar

CONSELHO EDITORIAL
Bruno Palazzo Nazar
José Nazar
José Mário Simil Cordeiro
Maria Emília Lobato Lucindo
Teresa Palazzo Nazar
Ruth Ferreira Bastos

Rio de Janeiro, 2004

FICHA CATALOGRÁFICA

P492n
    Pereira, Lucia Serrano.
        Um narrador incerto: entre o estranho e o familiar: a ficção machadiana na psicanálise / Lucia Serrano Pereira; editor: José Nazar. – Rio de Janeiro: Companhia de Freud, 2004.
        112 p.; 23cm.

    Inclui bibliografia.

    Originalmente apresentado como dissertação (Mestrado)

    ISBN 85-85717-88-2

    1. Assis, Machado de, 1839-1908. 2. Freud, Sigmund, 1856-1939. 3. Psicanálise e literatura. I. Título.

CDD-B869.3

ENDEREÇO PARA CORRESPONDÊNCIA
Rua da Candelária, 86 – 6º andar
Tel.: (21) 2263-3960 • (21) 2263-3891
Centro – Rio de Janeiro
e-mail: ciadefreud@ism.com.br

Traziam não sei que fluido, misterioso e enérgico, uma força que arrastava para dentro, como a vaga que se retira da praia, nos dias de ressaca. Para não ser arrastado, agarrei-me às outras partes vizinhas, às orelhas, aos braços, aos cabelos espalhados pelos ombros, mas tão depressa buscava as pupilas, a onda que saía delas vinha crescendo, cava e escura, ameaçando envolver-me, puxar-me e tragar-me.

Dom Casmurro

A Robson,
a nossos filhos, Lourenço e Andressa
a meus pais, Luiz Carlos e Clara Maria

Índice

Apresentação 11

Introdução 15

1. O estranho 21

1.1. O texto freudiano "O estranho". Trabalho com os termos *heimlich* e *unheimlich* 21

1.2. "O homem da areia" de Hoffmann 26

1.3. "Fazer-nos olhar a nós mesmos" a partir do texto 31

1.4. Vertentes do estranho 33

1.5. O estranho e a angústia. Entre Freud e Lacan 37

1.6. O estranho e a ficção 39

2. Um narrador incerto – entre o estranho e o familiar 45

2.1. Dom Casmurro. O romance, o mal-estar 45

2.2. A voz do narrador e o estranhamento 47

2.3. A duplicação da casa, ou "atar as duas pontas da vida" 48

2.4. Olhos de ressaca ou o naufrágio de Bentinho 52

2.5. O ciúme. Escobar em Ezequiel,
ou o morto retorna da sepultura 57

2.6. Uma observação a mais: por onde Machado
de Assis nos ensina, ou a obliqüidade no olhar 64

3. Forma – constelações em *Dom Casmurro* 69

3.1. O pensamento não se dissocia da linguagem
que ela inventa para se pensar 69

3.2. Machado de Assis e o Realismo de seu tempo 70

3.3. Leituras – o debate atual 72

3.4. Constelações em *Dom Casmurro* 75

3.5. O Panegírico de Santa Mônica 83

3.6. Ruínas, restos, fragmentos 88

Conclusão 93

Bibliografia 101

Apresentação

Se o leitor desta irrelevante apresentação não se ofender, o começo deste texto será pessoal. Lucia Serrano Pereira e eu nos conhecemos há tempos, o suficiente para medir em décadas. Algumas vezes nos encontramos – primeiro, provavelmente, como estudantes da Universidade Federal do Rio Grande do Sul, na Porto Alegre dos últimos anos 70, para tramar uma passeata, para gritar algum *slogan* democrático, para desejar coletivamente o fim da nefasta ditadura militar. Depois, freqüentamos amigos comuns, circuito cultural partilhado, debates solidários.

Além da cordialidade que sempre nos aproximou, creio que nos unia desde sempre certo gosto pela descoberta. Mais que nada a descoberta deste país, para nossa adolescência uma fantasia negativa que devíamos enfrentar com coragem; da mesma forma a descoberta de nosso lugar neste tempo, que deixou de ser brasileiro, para o bem e o mal, e nos jogou na tempestade global sem cautelas; mas também a descoberta dos tesouros brasileiros, que o tempo vai consolidando e nos oferecendo. Tesouros como Machado de Assis, que não falava nada, talvez, à vibração daquele momento, mas que visto com mais calma, com aparelho conceitual adequado, com a devida paciência analítica, se revela um, se não o, grande autor de nossa língua, capaz de resistir ao tempo e continuar a falar para as gerações que vêm.

A vida profissional me levou para as Letras, para a sala de aula e para o estudo da literatura, para Machado, que freqüento de várias maneiras, mas especialmente pela mão de Roberto Schwarz, uma das cabeças críticas mais profundas da área, que tem dedicado o melhor de sua carreira ao nosso autor. A mesma vida levou Lucia para a clínica psicanalítica e ao mesmo Machado, que ela freqüenta também de várias maneiras, mas particularmente pela mão de Freud e de Lacan, que não o leram nunca mas ajudam a lê-lo. Em algum momento, Lucia e eu conversamos sobre Machado, sobre *Dom Casmurro* em particular; do gosto e da qualidade analítica dela pelo autor, da minha freqüentação do mesmo Machado e do nosso encontro se formulou a idéia de um estudo, que agora está aqui, na elegante forma de livro.

Puxando pela memória, lembro de ter dito a ela que, tendo em mãos um aparelho conceitual tão potente como o que tinha, e com a leitura meditada de Machado, seria possível fazer chover para cima. Estava claro que não se tratava mais de uma antiga e trivial abordagem da literatura por gente psi, especialmente nos primeiros tempos, aquela que por assim dizer deitava o autor num imaginário divã para medir-lhe a personalidade, tomando sua obra como seu discurso pessoal. Nada mais distante, para a Lucia e para mim. Nosso caso era, quase ao contrário, inventar um jeito de aprender Machado de Assis, aprender dele, fazê-lo falar mais. No caso da Lucia, fazê-lo falar com o auxílio do microfone freudiano-lacaniano. Descobrir, de novo e sempre, o velho Machado.

Relendo agora o trabalho da Lucia, vejo como as coisas de sua vida, de suas preocupações, de seu trabalho, foram se encontrando reciprocamente: Machado está, aqui, no centro da cena, com seu *Dom Casmurro*, mas acompanhado pelo Freud de "O estranho" e pelo Lacan de *A angústia*, e eles secundados por uma ótima leitura da tradição crítica do autor, com destaque para Helen Caldwell, por um desenho a traço grosso da vida mental ocidental dos últimos anos do século 19, pensada a partir de Walter Benjamin, e por uma apreciação da cena brasileira daquele tempo, neste caso com apoio de Roberto Schwarz, entre outros.

Como a Lucia não quis pouco – o que se vê já na escolha do autor e do romance como tema de estudo – e se preparou bem para as longas travessias do trabalho, ela também não fez pouco. Manteve o tempo todo um olho na dimensão clínica da psicanálise, o tempo todo um olho na obra do Machado, e, se for possível conceber, o tempo todo um olho na reflexão de Freud e de Lacan. Ao fundo, permaneceu sempre o grande painel em que se movimentaram duas das melhores inteligências sensíveis do fim do século 19 ocidental, o mestiço brasileiro Joaquim Maria Machado de Assis, o judeu vienense Sigmund Freud. O resultado, como o leitor vai logo ver, é não apenas competente, mas também muito estimulante.

Acresce, finalmente, que o texto da Lucia tem o ritmo da aproximação cautelosa, próprio de quem não acredita na leitura linear e já viu muita água discursiva passar diante de si; quem de muito ler e ouvir histórias e análises atentamente percebeu que *ir compondo um discurso* tende a ser mais consistente do *escrever*, pura e simplesmente. O resultado é bom de ler, mas sempre (quem está dizendo isso não é psicanalista) no ritmo daquele espetáculo de aprendizagem que é uma sessão de psicanálise, aqui um remanso meditativo, ali um torvelinho causado pelos efeitos de surpresa *insight*, acolá o fluxo tranqüilo da conversa, no conjunto o humano, o belo empenho do conhecimento.

Luís Augusto Fischer,
agosto de 2004.

Introdução

Este é um livro tecido entre a literatura e a experiência da prática psicanalítica. Machado de Assis e Freud tiveram produções que, pode-se dizer, foram contemporâneas, com contextos e quadros discursivos diferenciados. Pensamos ser interessante poder traçar algumas relações entre a escrita machadiana, privilegiadamente em *Dom Casmurro*, e algumas questões, preocupações de Freud em sua descoberta/invenção dos processos inconscientes: ambos colocaram em pauta a subjetividade em nosso tempo.

Dom Casmurro fez cem anos há pouco. Nessa ocasião, nos reunimos – colegas da psicanálise e da literatura – com a pergunta sobre a vigência do texto posta entre nós. Compartilhávamos o efeito renovado de sua leitura, o impacto que se produz; a cada vez, surpresas, encontros inusitados, coisas que *não estavam* antes. Colocar os efeitos em palavras: é este, para mim, o início e a aposta deste livro.

O que constituiu o interesse desse estudo foi poder destacar, para além da importância histórica (ou do reconhecimento canônico) que poderíamos reivindicar para ambos, relações que possam contribuir para a tarefa de pensar o momento em que vivemos.

Podermos seguir enunciando, na seqüência da tradição de leitores de Machado de Assis, o que nos parece seguir vivo: segundo o crítico Michael Wood (2002), Machado de Assis é nosso contemporâneo, pois as questões que põe em pauta reaparecem, se reeditam, assim como o jogo entre aparência e desejo, as contingências difusas, tudo isso que habita o Brasil de seu tempo, mas também o nosso: efeitos que provavelmente não vamos parar de encontrar.

Dom Casmurro tem como articulação importante a voz desse narrador *incerto*, moderno, pode-se dizer, que nos leva pela narrativa ficcional de (suas) memórias sobre um fundo de *mal-estar*. Por outro lado, a temática do mal-estar é a via pela qual Freud interroga a condição do homem que lhe é contemporâneo. O sujeito encontra-se sempre às voltas com um *impossível*, do qual trata de dar conta como pode... sintomaticamente.

Ao mesmo tempo, a importância da literatura na obra do criador da psicanálise é evidente; ele encontra no texto literário um certo testemunho, bem identificado por Lacan, como que um franqueamento da via do inconsciente.

Podemos ter como hipótese que Freud se aproxima da literatura a partir das questões que o interpelavam, que produziam os impasses na clínica que se iniciava, na escuta/formulação recente do inconsciente. Não era a beleza estética que ele perseguia; ele se deixava trabalhar por aquelas obras que de uma forma ou de outra traziam à cena as fraturas, os conflitos, os pontos de estranhamento, aquilo que poderia fazer ecoar essa borda do impossível, os enigmas que tratava de decifrar.

Para abordar *Dom Casmurro* seguiremos, inicialmente, o percorrido que Freud traça no texto intitulado "O estranho" ("Das Unheimliche"), de 1919, por ser uma das suas produções que toca, privilegiadamente, nos pontos de ruptura, de encontros que subvertem, que apontam esses enigmas, e ele o faz fundado na relação direta com o texto literário (neste caso, o conto "O homem da areia", de Hoffmann). Relação esta que não parece querer ilustrar a teoria psicanalítica com um exemplo literário, mas sim construir o caminho a partir do que o escrito traz como saber *que já está aí*. Esta é a posição ética de Lacan, em seu retorno a Freud: não se trata de bancar o psicólogo ali onde o escritor aporta um saber, não se trata de buscar a interpretação de um sentido no texto. O que um psicanalista pode fazer é mais relativo à leitura do trabalho da linguagem e da escrita, recorte disso que "já está" e que faz sobressair a forma pela qual, no caso, o escritor foi (se deixou) tomar pela linguagem.

Em "Das Unheimliche", Freud segue a vertente da palavra na língua alemã, que permite à significação disso que é *estranho* deslizar, terminando por se relacionar com o que há de mais íntimo e familiar. Ele transporta esse deslocamento ao funcionamento psíquico. *Unheimliche* vai também relacionar-se às formas do mal-estar que situa na modernidade. Freud trabalha a psicanálise referindo-se a um sujeito fundado na relação com o declínio da função paterna. O simbólico já não dá conta da subjetividade nos moldes anteriores, com as grandes representações, com o épico, com a transcendência. Ele constata que, quando isso declina, emerge um estranhamento, uma relação com o mal-estar, sob novas formas.

Dom Casmurro é uma das narrativas que jogam o leitor diretamente nesse contexto. Assim como o texto de Hoffmann permitiu que em Freud algo surgisse como elaboração em torno das narrativas fantásticas, acreditamos encontrar, no texto machadiano, questões que concernem ao sujeito, onde podemos encontrar algo que remete a essa borda do real, do estranhamento, da angústia, em outro estilo: não da ordem do fantástico, mas do que se aproxima dos aspectos mais banais e prosaicos da vida comum (o que também se aproxima, na clínica, da vida cotidiana, dos sujeitos que trazem as questões que insistem, que determinam circuitos os mais diversos, repetitivos, e não propriamente feitos extraordinários).

O segundo capítulo deste trabalho propõe o encontro com os momentos de estranhamento, *de viradas* tramadas à voz do narrador em *Dom Casmurro*. Destacamos pelo menos três momentos cruciais: a duplicação da casa – concerne a Dom Casmurro –, um ponto de subversão, o eu e seu desconhecimento; os olhos de ressaca de Capitu – concerne a Bentinho –, virada do lugar de sujeito a objeto, perda; Escobar reeditado em Ezequiel – concerne a Bento Santiago –, o inusitado, o morto retorna da sepultura, o impossível encontro com a paternidade. Machado de Assis ainda nos traz algo fundamental no que diz respeito às relações do sujeito com o desejo a partir da obliqüidade do olhar.

O terceiro capítulo situa questões que remetem à forma da escrita em *Dom Casmurro*. Tal abordagem leva em consideração uma afirmação de Rousset (1998, p. 6), para quem "Em toda obra viva, o pensamento não se dissocia da linguagem que ela inventa para se pensar, a experiência se institui e se desenvolve através das formas".

Como pensar a forma pela qual *Dom Casmurro* se escreve? Talvez essa seja uma interrogação que permita contribuir para situar a forma pela qual

Machado de Assis se deixa tomar na linguagem, seu estilo, a singularidade de sua escrita. Destacamos elementos do debate crítico pensando a inscrição de Machado de Assis com relação à composição literária de seu tempo e contexto. Daremos atenção especial, nesse capítulo, à questão da memória na narrativa ficcional a partir da noção de *constelação*, de Walter Benjamin. Não seria o elemento da memória em *Dom Casmurro* uma das vias da colocação em jogo de uma nova forma da narrativa em tempo da *crise* da representação?

A noção de constelação em Benjamin tem relação com o que ele situa como *Ursprung*, origem, efeitos de origem que surgem como que *na frente*, prospectivos, e não situados *no atrás* insondável de uma gênese que seguisse uma leitura linear da história. Isto transposto ao terreno do ficcional pode ser pensado muito próximo à voz do narrador de Machado, que cria sua história no mesmo tempo em que narra.

A propósito das constelações, a leitura de Gagnebin (1994) nos diz da forma de ligação entre pontos, fenômenos históricos, que passam a produzir um novo sentido, uma ligação inédita, nisso diferente do que a cronologia pode produzir. A analogia que faz é com os jogos infantis onde as crianças ligam os pontos indicados no papel, resultando, em um momento, no aparecimento de uma figura inusitada.

Mais do que uma interrogação sobre a memória ficcional na obra machadiana, talvez o termo *constelação* tenha, de certa maneira, atravessado todo nosso trabalho, não na pretensão do novo, mas na forma de abordagem de *Dom Casmurro*. O trato com a temática, aliado ao cuidado nas passagens entre os dois campos, literatura e psicanálise, podem ter determinado um percurso de idas e vindas, traçados talvez inevitáveis quando se trata de trabalhar com as fronteiras. Quem sabe uma aproximação *constelar* (pouco linear), para usar a imagem benjaminiana, entre o texto, a psicanálise, a literatura, os pontos de estranhamento, as conexões inusitadas.

Segundo R. Chemama (2002), o que pode se chamar a "prática da letra", a escrita, é convergente com a via do inconsciente. Desta forma o escritor, o analista ou o analisante, nos diz, estão em uma disponibilidade à escuta dos significantes vindos do Outro, saber em aberto ao qual cada um trata de esboçar suas respostas, seja na obra ou no trabalho subjetivo.

Dom Casmurro é, sem dúvida, concentrador desses significantes, em grande estilo.

INTRODUÇÃO

Este livro, originalmente dissertação de mestrado, é resultado de muitos diálogos. Agradeço especialmente a Robson, inspiração, sempre, na causa de minha aproximação com *Dom Casmurro* e Machado de Assis; a Luís Augusto Fischer, que me recebeu e orientou nas Letras, trabalhando nas tantas voltas do "armar a equação", como gosta de dizer, apontando ao mesmo tempo rumo, crítica e aposta; a Mário Fleig, pelo acompanhamento de perto no fio da psicanálise, escuta do processo de elaboração deste trabalho, e pelo cuidado nas traduções de Freud do alemão; a Ana Costa e Edson de Sousa pela interlocução constante em nosso seminário. Passagens, onde este livro foi, de alguma forma, "cozido", engendrado ao longo dos anos e das nossas transferências; a Noili Demaman a generosidade de sua leitura, revisão e apontamentos; aos colegas da APPOA, que compartilham e sustentam o cuidar do laço da psicanálise em sua inserção na nossa cultura e aos interlocutores que encontrei na Literatura da Universidade Federal do Rio Grande do Sul, que me ofereceram tantas aberturas nesse mundo de travessias.

1.
O estranho

> Tudo me era estranho e adverso.
> *Dom Casmurro*

1.1. O texto freudiano "O estranho". Trabalho com os termos *heimlich* e *unheimlich*

O texto intitulado "O estranho" é uma das produções freudianas mais importantes no que concerne à relação de Freud com a literatura. As reflexões nele contidas apontam para uma direção que nos parece valer a pena acentuar e mesmo propor como hipótese: a literatura não está sendo tomada ali como uma referência ilustrativa de uma teoria que se pudesse pretender fechada, mas justamente constituindo, articulada com o saber psicanalítico, um caminho singular da interrogação de Freud.

Em *Littérature et psychanalyse*, quando Paul-L. Assoun (1996, p. 101) se refere a "O estranho", observa que o exemplo extraído da literatura tem com relação à estrutura do texto freudiano um lugar central, indo além da função de ilustração. Sua posição é a de considerar a revelação de um momento de verdade do inconsciente à obra, na literatura. Acentua, quanto ao ensaio de Freud, mais do que uma relação com a literatura chamada fantástica, e sim uma "tomada [*prise*] *na* letra – então, de alguma forma, *à* letra [*littera*] – do "estranho". Isto não somente *se vive*, mas também *se escreve*"[1].

Não seria *Dom Casmurro* uma dessas possibilidades de escrita, de trazer à cena o que entra em jogo quando se trata do mal-estar, da angústia, de questões que dizem respeito ao que inquieta, entre o território do estranho e do familiar?

O texto de Freud tem sido lido em relação direta com a literatura fantástica. Talvez possamos ensaiar um passo a mais e trazermos a discussão para os processos que incluem o narrador machadiano em *Dom Casmurro*, também afetado pela fratura da dúvida e da angústia, já não circunscrito ao fantástico ou sobrenatural, mas frente ao mal-estar, algo que poderíamos situar com relação a um real, com aquilo que não encontra simbolização e que, portanto, não pára de insistir. Vamos voltar a isso, mas nos parece importante percorrermos o texto de Freud para desenvolver as questões.

Em "O estranho" ("Das Unheimliche"), Freud vai abordar a questão do *estranho-familiar*, dessa peculiar relação entre aquilo que é estranho, angustiante e ao mesmo tempo familiar, íntimo. No início do texto há uma referência ao fato de que um psicanalista não transita, no geral, pelos temas da estética, mas que acontece em algum momento a possibilidade de uma aproximação. O tema do estranho constitui uma dessas possibilidades.

Freud situa *o estranho* como o que se refere ao angustiante, ao que provoca medo e horror, algo assustador. Ressalta que as aproximações estéticas têm preferido, até então, tratar do belo, do grandioso, do atraente, do sublime; ou seja, dos sentimentos que, poder-se-ia dizer, acentuam o tom positivo, mais do que dos que trazem os sentimentos opostos, repulsivos e desagradáveis.

A palavra alemã *Unheimlich* é tomada para levar adiante a hipótese de que o estranho é aquela categoria do assustador que remete ao que é conhecido, desde muito tempo familiar.

Ele chama a atenção para a carga semântica da palavra alemã *unheimlich*, que significa o antônimo de *heimlich*, e vai fazer um longo tra-

---

[1] A responsabilidade pela tradução dos textos citados cujos originais estão em francês ou inglês é da autora.

balho na relação entre esses dois termos, tratando de interrogar em que condições essas duas palavras podem acabar por partilharem o mesmo sentido.

É comum pensarmos que algo é estranho justamente por não ser conhecido ou familiar. O mestre vienense faz a contramão: trabalha sobre uma das vertentes do estranho, aquela em que se produz a coincidência entre estranho e familiar, permitindo interrogar por quais caminhos o familiar pode vir a produzir este efeito de estranhamento.

Freud comenta um artigo publicado em 1906, de E. Jentsch, psiquiatra e neurólogo, intitulado "Sobre a psicologia do estranho" ("Zur Psychologie das Unheimlichen)", como a única produção que tenta avançar sobre o tema, do ponto de vista médico psicológico, mas que não passa da relação do estranho com o novo, o não familiar.

Assoun (1996, p. 103) remarca a diferença de abordagem entre Freud e Jentsch:

> Compreende-se porque isto nos interessa: lá onde o "psicólogo" contemporâneo fornece uma psicologia de alguma maneira "cognitiva" do "estranho" (*inquiétante étrangeté*) – não se deve esquecer que todo o ensaio de Freud pretende ser uma recusa da tese de Jentch sobre a "incerteza intelectual" como causa necessária e suficiente do *Unheimliche* –, o escritor "fantástico", ele, sabe – bem melhor – onde reside a verdadeira mola, ou ao menos a coloca em ação em seu texto.

Há uma observação que nos parece interessante a propósito do texto. Trata-se da passagem em que Freud aponta que *o estranho* seria sempre uma circunstância em que cada um se encontra perdido, desconcertado, e afirma ser possível tomar dois rumos: o primeiro seria o de descobrir quais as significações que se ligaram à palavra *estranho* ao longo da sua trajetória, de sua história; o outro, o de reunir tudo o que desperta em nós o sentimento de estranheza, impressões, sensações, experiências, para concluir que ambos os rumos conduzem ao mesmo resultado: *o estranho* é aquela categoria do assustador que remete ao que é conhecido, há muito familiar.

Na tradução do texto freudiano em espanhol, temos *espantoso* em vez de *assustador*, o que nos parece acertado; assim como não se trata somente de *medo*, como nos propõe a tradução em português, mas também de *an-*

gústia, como está no espanhol. A questão é a de que o termo alemão *Angst* refere-se tanto ao medo quanto à angústia, permitindo a variação nas traduções.

Podemos acompanhar o cuidadoso trabalho de Freud na linguagem, através da pesquisa dos termos *heimlich/unheimlich*. A palavra alemã *unheimlich* tem o sentido oposto ao de *heimlich*, que designa doméstico, ou de *heimisch*, nativo; é um oposto do que é familiar. Somos levados a pensar, à primeira vista, que o que é *estranho* é angustiante justamente por não ser conhecido ou familiar, mas Freud diz que vai tentar operar para além da equação *estranho = não-familiar*. A esse respeito – o das nuanças significativas – há a afirmação de que muitas línguas parecem não possuir palavras para representar essa peculiaridade do *assustador* ou *espantoso* do *unheimlich*.

Heimlich vai aparecer em um primeiro sentido como próprio da casa, não estranho, familiar, dócil, íntimo, doméstico, amistoso. De animais: domesticado (ao invés de selvagem), capaz de fazer companhia ao homem. "Estava tão *heimelig* na casa". "O lugar era tão sereno, tão isolado, tão sombreadamente-*heimlich*" (p. 280). "Nós o visualizamos tão confortável, tão encantador, tão aconchegante e *heimlich*" (p. 279).

Há também uma outra significação com relação a *heimlich*, que vai trazer o sentido de segredo, oculto, misterioso. Por exemplo, conduzir-se *heimlich* pode significar conduzir-se misteriosamente, como quem tem algo a ocultar (na relação com o conhecimento, pode significar místico ou alegórico, relativo ao oculto). Pode representar também *querer dissimular*, fazer pelas costas, *Heimlichkeit* pode representar a intriga, a maledicência que se produz em segredo. "Oculto da vista, de modo que os outros não consigam saber, sonegado aos outros" (p. 280). *Heimlich* vai reunir dois grupos de representações: trata-se do que é familiar, por um lado; e do oculto, dissimulado, pelo outro.

Ainda tecendo considerações sobre o deslizamento de sentido, Freud destaca uma nota de Schelling como uma contribuição nova, inusitada sobre o conteúdo do conceito: "'*Unheimlich*': é o nome de tudo que deveria ter permanecido [...] secreto e oculto mas veio à luz" (p. 281).

São duas relações que Freud acentua; tanto o movimento do que é reservado mas vem à cena, quanto o oscilar da ambivalência: "Dessa forma, *heimlich* é uma palavra cujo significado se desenvolve na direção da ambivalência, até que finalmente coincide com seu oposto, *unheimlich*. *Unheimlich* é, de um modo ou de outro, uma subespécie de *heimlich*" (Freud, 1919, p. 283).

Façamos aqui um breve parêntese, para concluir o trabalho com os termos e as línguas, incluindo alguns elementos da pesquisa que Luiz Hanns faz em seu *Dicionário comentado do alemão de Freud*. Trata-se da passagem dos termos trabalhados por Freud do alemão para o português.

Interessante destacar o percurso de *torção* que Hanns observa no transporte do adjetivo *heimlich,* enquanto familiar e conhecido, para *inquietante* e *estranho*. O que ele ressalta é que aquilo que é *secreto e oculto* pode ser *familiar, íntimo* e *recôndito* para aquele que participa do segredo (pois acontece entre quatro paredes, no lar = *heim*). Por outro lado, o *secreto e oculto* pode ser sentido como *escondido, furtivo* e *estranho* na avaliação dos outros excluídos. Assim, os sentidos *familiar, conhecido, secreto, oculto, inquietante, estranho* formam uma seqüência que começa com o mais *conhecido* e chega ao mais estranho, justamente por uma contigüidade que pode percorrer gradações que se iniciam no familiar, passam pelo íntimo-secreto-furtivo e conduzem ao estranho.

Quando se trata de *das Unheimliche*, na passagem para o português o *estranho* ganha um significado adicional, que não está presente em *das Unheimliche*, que é o de *externo, estrangeiro*. No português *o estranho* pode trazer algo que remeta à alteridade nessa direção, de um estrangeiro, um diferente. Em alemão se utiliza mais o termo *Fremd* para essa idéia. O *Unheimliche* é também exterior, mas mais relativo à origem fantasmagórica do que à de estrangeiro.

Ao mesmo tempo, na tradução de *das Unheimliche* por *o estranho*, algumas conotações se perdem, como nos diz Hanns, o *das Unheimliche* "nos deixa indefesos; não se sabe quando chega; se arma em torno de nós, tem proximidade; é insidioso, súbito..." (p. 235), mas mais no sentido de um estranhamento indefinível e não de uma situação de pânico ou de catástrofe. *O estranho* em português não sustenta essas conotações, apenas uma é citada em comum com o alemão: a que se refere ao *das Unheimliche* e ao *estranho* como algo de *proveniência indeterminada*.

Outro ponto a sublinhar é que uma das significações do adjetivo *unheimlich* é a de mal-estar. Hanns trabalha a etimologia da palavra *heim*, desde a raiz indo-européia – *kei* (estar deitado) – usada para instalação, acampamento, passando ao gótico *haim* (aldeia), no antigo alto-alemão e no médio alto-alemão, designando casa, morada, pátria. O substantivo cairá em desuso entre os séculos XVI e XVIII, retornando ao uso corrente associado a *home*, do inglês, que tem a mesma origem. A significação de *mal-estar* vai aparecer mais diretamente a partir do século XVIII.

O caráter demoníaco referido por Freud aos processos psíquicos pode estar mais ligado ao que ele situa como a *compulsão à repetição*, relativo ao circuito das pulsões, prevalecendo sobre o princípio do prazer. O demoníaco como efeito, e não algo fantasmagórico como causa. Assim que o mal-estar do *estranho*, podemos pensar, não é necessariamente ligado ao fantasmagórico, ao irreal.

Hanns destaca ainda o efeito assustador, frente ao "estranho" relacionado ao apagamento dos limites entre o real e o imaginário, produzindo a aproximação de uma zona de irrealidade; observa, por outro lado, que a irrealidade pode sublinhar a sensação de estranho sem constituir-se como condição necessária para seu surgimento.

Voltando a Freud, seu texto toma nova direção, seguindo a indicação de Jentsch (1987). Este autor chama a atenção para a habilidade dos escritores em criar o efeito de estranheza em suas narrativas, citando, em especial, Hoffmann e suas histórias fantásticas. Freud vai trabalhar a relação com o estranho a partir do conto de Hoffmann, "O homem da areia".

1.2. "O homem da areia" de Hoffmann

Ernest T. A. Hoffmann (1776-1822) ficou conhecido como o autor dos contos que adquiriram notoriedade a partir da ópera de Offenbach, *Contos de Hoffmann,* de 1851. Inicialmente o referido artista trabalhou na área jurídica, foi também ligado à música, dirigiu uma orquestra e foi um autor de histórias fantásticas, mais que de contos. Entre os mais conhecidos podemos citar "Os Irmãos Sérapion", "O elixir do diabo" e "O homem da areia", este último publicado em 1816 e posteriormente reproduzido nos Nachtstucke (Peças noturnas), na edição Grisebach das *Obras completas* de Hoffmann.

Certamente Freud teria algumas razões para aproximar-se de "O homem da areia": é interessante notar a afinidade do conto com o próprio texto freudiano, com a descoberta dos processos inconscientes, não só no que se refere ao conteúdo do conto, mas em sua construção, em seu aspecto formal.

Freud vai direto a Natanael e suas memórias, mas pode ser interessante percorrermos algo da estrutura da narrativa de Hoffmann.

O conto inicia com três cartas que são apresentadas ao leitor. Natanael é o jovem estudante que vive fora de sua cidade, o personagem em torno do qual gira a história. A primeira carta é dele para o amigo Lothar, através da qual situa seu momento de perturbação, fazendo a relação de seu estado de angústia atual com acontecimentos que lhe têm trazido elementos das suas memórias de infância. A morte do pai, quando ele era pequeno, a lembrança de uma história que era contada para as crianças (e que ele associava a essa morte), a do Homem da areia, tudo isso relacionado a curiosas coincidências que retornam para ele depois de tanto tempo, em sua vida atual.

Natanael relata, na primeira carta, que lhe aconteceu uma coisa horrível, pressentimentos perturbadores, inquietantes. Tudo começou quando um vendedor de barômetros entrou em seu quarto, querendo vender seus instrumentos. Além de não ter comprado nada, despachou o vendedor violentamente. Por que esse excesso na reação, ele se pergunta, concluindo que somente fatos que o tivessem marcado internamente poderiam ter feito esse pequeno acontecimento assumir grande importância.

Natanael passa, a partir daí, a referir lembranças de sua infância. Relata que, quando pequeno, seu pai costumava reunir as crianças após o jantar, para contar histórias, ou para estar ali, apenas, no convívio da família. Nessas noites, a mãe ficava muito triste, e às nove horas dizia: "Vamos para a cama, crianças. O homem da areia está chegando, posso ouvir seus passos" (p. 14).

E o menino ouvia realmente os passos arrastados subindo a escada. Um dia pergunta para a mãe quem é esse Homem da areia que os separa sempre do pai. A mãe responde que quando fala do Homem da areia quer apenas referir-se ao sono das crianças, como se estas tivessem areia nos olhos. A reposta não satisfaz o menino, e uma velha governanta completa a história, dizendo que o Homem da areia é um homem mau que vem pegar as crianças que não querem ir para a cama. Joga areia em seus olhos, que caem ensangüentados, os apanha e os coloca em uma bolsa para alimentar seus netinhos. Eles estariam no ninho, com bicos recurvados e bicam os olhos das crianças que não são boazinhas. Assim a imagem do Homem da areia ficou gravada com horror no espírito do menino.

Havia um homem que visitava o pai à noite, Natanael acreditava ser o Homem da areia. Uma noite esconde-se no escritório do pai para ver a misteriosa visita. Era o advogado Coppelius, que às vezes almoçava com a família, figura repugnante aos olhos do menino. Coppelius era odioso, não gostava das crianças, chamando Natanael e os irmãos de "pequenas bestas". Tocava nos alimentos por saber que isso provocaria o nojo dos pequenos e que, assim, estes não os comeriam.

A cena que ficou para Natanael na noite em que vê Coppelius com o pai é uma cena de terror. Relata que o pai e o Homem da areia mexiam no fogo com tenazes incandescentes, e que Coppelius gritava "olhos, dê-me olhos!". O pavor fez o menino gritar, ele viu que o homem apanhava um punhado de brasas supostamente para atirar em seus olhos, dizendo (p. 22): "Nós temos olhos agora. Olhos. Belo par de olhos de criança". Enquanto isso, o pai implora ao "mestre" para poupar os olhos de Natanael. O menino desmaia, e a ameaça desaparece. Passa-se um ano e, certa noite, os passos na escada novamente, Coppelius retorna. A mãe retira as crianças, o pai fica com o homem assustador e, perto da meia noite, ouve-se um estrondo violento. O pai é encontrado estirado no chão, morto. Coppelius desaparece sem deixar vestígios.

De volta ao tempo atual, Natanael diz reconhecer no vendedor de barômetros a figura de Coppelius, agora sob o nome de Giuseppe Coppola. Fica transtornado e decide vingar a morte do pai. Desde o encontro, então, sua vida gira em torno desse pesadelo. Esse é o teor da primeira carta.

O início da segunda carta é o que chama a atenção (freudianamente) em função de um lapso. Clara, a noiva de Natanael, escreve-lhe, informando o engano que ele cometera: a primeira carta, que deveria ter sido endereçada a Lothar, foi enviada para ela. Dirige-se ao noivo, dizendo que ele certamente havia pensado nela em algum momento do endereçamento, e passa, portanto a responder a ele. Assim, essa carta que chega por lapso abre um roteiro inesperado e, podemos dizer, estranho às intenções – como

Freud bem vai situar o lapso como uma das formações do inconsciente. Além disso, o que Clara tem a dizer a Natanael pode bem evocar a mesma direção, é como se dissesse: isso que te aflige tem a ver com o que se produz nas tuas fantasias.

Clara diz que vai falar com toda franqueza, ela acredita que essas coisas assustadoras que Natanael relata existem somente na imaginação e que a parcela de fatos reais e concretos é muito pequena. Propõe algumas razões: o velho Coppelius não gostava de crianças, assim as crianças também passam a não gostar dele; seria normal a associação entre o Homem da areia e o velho; o que o pai e Coppelius faziam à noite deveria ser a prática da alquimia, ocorreu um acidente, como acontece com os pesquisadores de laboratório, assim Coppelius não teria sido culpado da morte do seu pai.

Clara acredita que se existe uma potência que possa nos arrastar por caminhos perigosos essa potência "teria de se desenvolver dentro de nós mesmos enquanto nós evoluímos. Teria de ocupar o nosso *eu*" (p. 32). Ela ainda diz (pp. 32-33):

> [...] é também certo, acrescenta Lothar, que essa sombria força material, desde que nos abandonemos voluntariamente a ela, atrai e fixa em nós certas imagens estranhas que o mundo exterior joga em nosso caminho. De tal maneira, que somos nós mesmos que atiçamos o espírito que parece falar através dessas formas, exatamente como nós temos a loucura de as imaginar. É o fantasma de nosso próprio *eu* que, através de seu íntimo relacionamento conosco e de sua profunda influência sobre nossa alma, os precipita no inferno ou nos transporta aos céus.

A carta de Clara aponta para a fantasia (noção que se tornará, a partir de Freud, tão importante no campo da subjetividade). Freud comenta que o escritor nos deixa em suspenso, sem saber, frente aos relatos de Natanael, se nos encontramos diante de um episódio de delírio de um menino tomado de angústia, ou frente a uma narrativa de fatos que no contexto de ficção do conto poderiam ser considerados como reais.

A terceira carta é de Natanael para Lothar, contando do mal-estar por Clara ter recebido por engano sua carta e da incompreensão da noiva por seu estado (p. 35): "Ela me escreveu uma carta recheada de filosofia abstrusa, em que, abreviadamente, me demonstra que Coppelius e Coppola só existem em minha mente, fantasmas de meu próprio eu, e se transformarão em pó desde que eu os reconheça como pó".

É recém depois dessa carta que aparece o narrador do conto, que convoca diretamente o leitor e esclarece o fato de ter resolvido *não começar* a história, não partir do princípio *era uma vez* ou com *na pequena cidade do interior...* O narrador escolheu iniciar pelas cartas que Lothar lhe teria mostrado, impelido pelo desejo furioso de contar o destino que teve Natanael.

Natanael faz esforços para sair de sua loucura, passa um período com Clara, mas sempre atormentado por cenas, fantasias. Imagina seu casamento com Clara, nelas Copellius aparecendo na cerimônia, tocando os olhos da noiva, que caem incandescentes sobre o seu peito. Clara tenta chamá-lo à razão, mas isso soa a Natanael como frieza: Clara fria, *autômato maldito, sem vida*! Eis a acusação que faz à noiva em um momento de raiva.

Clara e Lothar lidam com Natanael entre os momentos de loucura e de razão. Natanael volta à cidade onde realizara seus estudos, e lá a figura do autômato vai assumir importância. Logo na chegada, um fato inusitado: a casa onde morava pegou fogo, seus colegas conseguiram salvar alguns livros e objetos pessoais. Instalam Natanael em um quarto alugado, cuja janela oportuniza a vista para a casa de um professor seu, o muito conceituado Spalanzani. O jovem passa a observar a filha do professor, Olímpia, que está sempre ali, imóvel, durante horas.

Coppola, o vendedor, aparece novamente, e Natanael, tentando convencer-se de que tudo não passou de um pesadelo, acaba comprando uma pequena luneta de bolso delicadamente trabalhada, e é através dessa luneta que descobre a beleza de Olímpia.

A história segue trazendo a paixão que Natanael vai ter por Olímpia; dança com ela em uma festa na casa de Spalanzani, corteja-a, visita-a, com visível aprovação por parte do professor (apesar de os colegas afirmarem que a moça parece muito rígida e sem alma e de perceberem que há algo estranho nessa paixão). Natanael não se convence, encantado com essa mulher *reservada* que sempre responde com a mesma expressão – *Ah-ah-ah...*

Em seguida, ele descobre que Olímpia, é, na verdade, um autômato, produção de Spalanzani e de Coppola – este havia fornecido para a boneca justamente os olhos. Tudo se articula para Natanael: os olhos, o Homem da areia, Coppola como Coppelius. É quando presencia, horrorizado, uma briga entre Spalanzani e Coppola, motivada pela disputa enlouquecida do corpo da boneca. Spalanzani revela que trabalhou mais de 20 anos em sua obra prima, esse autômato, e que havia apenas roubado de Coppola os olhos para a boneca. Olímpia, seu rosto de cera já não tem mais órbitas, só dois buracos negros.

Natanael acorda um dia como se tudo não tivesse passado de um pesadelo. Volta à relação com Clara, aparentemente retoma sua vida. Quando vai instalar-se com ela na nova propriedade, atravessam a cidade e Clara propõe que eles subam na torre do campanário para olharem as montanhas. Lá em cima Natanael pega a luneta de bolso para observar a paisagem, mas vê Clara através da luneta. Fica absolutamente transtornado e tenta atirá-la da torre, rindo, urrando, dizendo "Boneca de madeira, gira, gira!" (p. 79). Lothar, que passava na rua, percebe a situação, consegue subir e salvá-la. Nesse momento Coppelius entra na rua, lá em baixo. O Coppelius da infância pedia *olhos, venham os olhos*. Ao final do conto, Natanael, do alto da torre da igreja, precipita-se ao ver Coppelius na praça do mercado, se joga do alto da torre gritando "Ah! Occhi belli! Occhi belli!". Natanael jaz no pavimento, a cabeça arrebentada, enquanto Coppelius desaparece na multidão.

1.3. "Fazer-nos olhar a nós mesmos" a partir do texto

Freud faz aqui um importante destaque (p. 288): "[...] percebemos que pretende, também, *fazer-nos olhar a nós mesmos* [*Uns selbst... schauen lassen will*] através dos óculos ou do telescópio do demoníaco oculista [...]". Esta passagem, em especial na comparação do texto em alemão com sua tradução em português, nos chama muito a atenção. Encontraremos uma perda, na passagem entre as línguas, que não é insignificante: no português temos "fazer-nos olhar através dos óculos ou do telescópio...". Perde-se o vetor reflexivo que o texto original aporta: fazer-nos olhar a nós mesmos, o que faz toda a diferença.

O conto é impressionante, e a observação de Freud permite pensar em pelo menos duas direções: a de que o conto nos põe em contato com essa dimensão do estranho, do horror, do que não temos como dar conta, estando nós mesmos enquanto esse olho que olha através da lente de Coppola, mas também a de *fazer olhar a si mesmo* pela lente de Coppola. Como se pudéssemos jogar ou sermos jogados nos diferentes lugares, o do olho e do olhar, e também o de objeto desse olhar.

Freud desenvolve no texto algumas hipóteses:

– a fantasia da perda dos olhos está relacionada com a castração[2] e com a questão paterna enquanto metáfora já anunciada no mito edipiano.

– a angústia de castração pode ser figurada, na infância, à imagem dos olhos feridos.

Para Freud, não resta dúvida de que a figura do Homem da areia é ligada ao sentimento de *estranho*, ou seja, à idéia de ser privado dos olhos. Recorda que a experiência psicanalítica traz grande relação entre a fantasia de ferir-se os olhos, o medo de ficar cego, com a angústia de castração experimentada na infância. O castigo que Édipo se coloca, lembra Freud, é o de cegar-se, como metáfora da castração. No conto "O homem da areia", ele ressalta o temor pelos olhos, a angústia aparece muito ligada com a morte do pai. Freud vai pensar as figuras do pai e de Coppelius como representando os elementos antagônicos da imago paterna decomposta pela ambivalência, uma figura paterna ameaçando com a cegueira, e a outra figura implorando salvação para os olhos do menino.

A parte do complexo que cai sob recalcamento[3] seria o desejo de morte contra o *pai mau*, mas que se acha representada na morte do pai de Natanael, atribuída a Coppelius. A dupla formada pelo professor Spalanzani e pelo ótico Coppola valeria como a reedição dessa imago, agora já na vida de estudante de Natanael.

---

[2] Castração (complexo de). (alem.: *Kastrationskomplex*). 1. Para S. Freud, conjunto das conseqüências subjetivas, principalmente inconscientes, determinadas pela ameaça de castração, no homem, e pela ausência de pênis, na mulher. 2. Para Lacan, conjunto dessas mesmas conseqüências, enquanto determinadas pela submissão do sujeito ao significante (*Dicionário Larousse de Psicanálise*, p. 30).

[3] Recalcamento ou recalque. (alem. Verdrangung). Processo de afastamento das pulsões através do qual é rejeitado o acesso à consciência (*Dicionário Larousse de Psicanálise*, p. 185).

Os dois que se reuniam em torno das brasas misteriosas agora se encontram junto a Olímpia, ambos *pais* da boneca, de alguma forma. O amor *cego* e obsessivo de Natanael por Olímpia – ele não se dá conta de que se trata de uma boneca – seria como que um amor narcísico – Freud salienta a fala do professor quando este e Coppola disputam o corpo da boneca, Spalanzani revela a Natanael que o ótico havia roubado dele esses olhos, do próprio Natanael, para colocá-los em Olímpia. Desta forma, Natanael teria ficado fascinado por seus próprios olhos, um amor voltado para *si mesmo* enquanto filho devotado ao pai. Ao mesmo tempo essa fala do professor confirmaria a identidade entre Coppelius, Coppola e o Homem da areia.

O que nos parece extremamente interessante no conto e mesmo na análise freudiana é o jogo dos *olhos*, fio da trama do texto de Hoffmann; esses olhos que são cobiçados, que saltam, queimam, trocam de lugar, mapeando toda a narrativa e a distribuição dos lugares dos personagens. Essa questão – a dos olhos – pode nos fazer trabalhar a passagem do lugar de sujeito para o de objeto – que é por excelência o jogo da fantasia inconsciente, essa inversão onde cada um pode se ver tomado em uma posição objetal –, onde Natanael fica situado enquanto *olhar* desde a cena da infância; ele olhando o que o pai e Coppelius faziam, escondido, todo o desdobramento das associações posteriores com a série dos olhos e do olhar, desde a referência inicial às crianças que resistem a fechar os olhos para dormir.

É também olhando pela lente (diabólica) de Coppola que Natanael vê Olímpia através da janela e é tomado de encantamento por ela (por seus próprios olhos?), e por fim sua queda como esses olhos do conto do Homem da areia, que tombam no chão ensangüentados, assim como a cabeça de Natanael oferecida/arrebentada no chão.

1.4. Vertentes do *estranho*

Podemos considerar o estranho e a relação com a fantasia infantil relativa aos primeiros anos de vida, no tempo da indelimitação entre o animado e o inanimado (a propósito das bonecas e de Olímpia), o animismo.

Freud aponta uma das vertentes do *estranho* como tendo origem em um desejo, ou mais propriamente em uma crença infantil, lembrando que as crianças não têm uma delimitação muito precisa entre os objetos enquanto seres vivos ou não a ponto de ser comum o tratamento das bonecas como se dotadas de vida. Freud refere o caso de uma menina que acreditava, aos oito anos, que, se olhasse sua boneca de uma forma especialmente penetrante, ela viveria. Assim uma *Olímpia* pode evocar esse estranhamento que se produz quando algo se confunde entre o animado e o inanimado, próprio do infantil.

O texto traz a partir daí a indicação de temas que comumente evocam o estranho: o tema do duplo, o outro eu (defesa contra a morte), os episódios de retorno involuntário a um mesmo lugar (repetição), repetição involuntária (casualidades), caráter demoníaco da repetição inconsciente, e até mesmo o *mau olhado* (temor pela inveja, paradigmaticamente representada através do olhar).

O tema do duplo e suas variações tem relação com a aparição de pessoas que, pela semelhança, produzem esse efeito *de mesmo*, *de outro eu*, acrescido muitas vezes de um efeito em que o duplo sabe, conhece os pensamentos e a experiência do sujeito em questão, cada um sob a influência direta do outro, e, eventualmente, sob seu domínio. O *eu* se desdobra, parte-se, sofre substituição, o destaque é para o *constante retorno do semelhante*, com elementos que passam a repetir-se, traços de identificação, elementos do corpo, da fisionomia, ou mesmo destinos, ações, e ainda a repetição dos mesmos nomes através das gerações.

Freud traz o estudo de Otto Rank sobre o duplo, onde se destaca que o estranho surge em primeira versão como uma medida de proteção com relação à ameaça de aniquilação do eu. Na civilização egípcia os artistas produziam as imagens dos mortos na tentativa de garantir algo de sua perenidade, de não desaparição. O que inicialmente então poderia ter um cunho de proteção, essas imagens, certa conservação narcísica infantil ou primitiva, passa, ao retornar em um outro tempo (ultrapassada a condição narcísica infantil), a configurar-se como algo que é sinal da morte, de algo sinistro.

A idéia do duplo persiste ainda na subjetividade; por exemplo, no desenvolvimento dessa instância psíquica que pode tratar o eu como objeto, que é a instância superegóica – instância responsável, na proposição freudiana, pela auto-observação e pela autocrítica.

Freud destaca ainda como fenômenos que evocam *o estranho* os episódios de retorno involuntário a um mesmo lugar (exemplifica com um fragmento de viagem: passeando em uma cidadezinha italiana, dava voltas e voltas, retornando sempre ao mesmo lugar. O passeio, que era agradável, passa a produzir essa impressão de *estranho*, de *mal-estar*); as repetições involuntárias relacionadas com casualidades – sempre o mesmo número aparecendo em uma série de acontecimentos banais[4].

Quando se trata da questão do *estranho* na relação com a repetição, podemos acompanhar a introdução de um dos pontos capitais da obra freudiana, que será desenvolvido no texto "Além do princípio do prazer", publicado na seqüência do texto "O estranho". É a observação de que a vida psíquica inconsciente está regida por um impulso de repetição, uma espécie de automatismo incessante; desenvolvimento que introduzirá todas as considerações sobre as pulsões e as neuroses traumáticas de guerra, o trabalho sobre os casos dos soldados que voltam da guerra com sonhos repetitivos, retomando o trauma da experiência vivida, sem conseguir elaboração, apenas repetição. Há algo de *excessivo* que se repete, que não pode ser religado ou absorvido.

Podemos pensar que esse é um dos pontos centrais que articula o interesse freudiano pelo texto de Hoffmann. Não é uma questão qualquer, pois diz respeito diretamente ao que interroga o trabalho clínico, a escuta analítica; tudo aquilo que envolve a formação e a persistência dos sintomas de seus pacientes, ou seja, o próprio trabalho a partir da consideração da hipótese do inconsciente.

Talvez Max Schur, na biografia *Freud: vida e agonia,* seja um dos autores que mais se ocupa desta costura, relacionando *o estranho* e a escrita de *Além do princípio do prazer*, lembrando a contemporaneidade dos textos, suas linhas de pensamento quase que tramadas entre um e outro. O que me parece interessante na abordagem de Schur é o sutil deslizamento de *sobrenatural* para *demoníaco*, que ele acentua a partir da leitura dos dois textos

---

[4] Curiosamente, o número a que Freud faz referência como exemplo de encontro repetitivo é o número 62, justo aquele da idade que Freud achava que não superaria, segundo seu médico e biógrafo Max Schur.

freudianos. Ressalta a aplicação do adjetivo *demoníaco* (pela tradução do hebreu e arábico de *uncanny*) e observa que o Homem da areia não só traz a morte (do personagem, Natanael), mas, principalmente, representa um poder *demoníaco*, que orienta aqueles que estão tomados em seu circuito em uma direção repetitiva, autodestruidora. Na relação entre os dois textos, a leitura de Schur enfatiza a tese freudiana de que tudo aquilo que nos evoca a compulsão à repetição nos processos inconscientes pode ser percebido como um fato sobrenatural (sem o ser, justamente). Hoffmann pode ser reconhecido como um mestre do fantástico e do sobrenatural, mas, para além desse gênero, é inegavelmente *um mestre do mal-estar*.

O estranho vai ser ainda retomado no "Das Unheimliche" como *algo que, devendo ter ficado oculto, se manifestou*; essa é uma referência extensiva, por exemplo, ao caráter oculto da epilepsia e da demência – referidas como produtoras também do efeito do estranho, no contexto de Freud. O oculto seria aquilo que situava essas manifestações, desde a Idade Média, como influências demoníacas. Freud observa ironicamente que não se espantaria se a própria psicanálise, que se ocupa dessas relações e revelações, viesse a se converter para alguns em fonte de *estranho*.

Há *estranho*, então, que resulta da onipotência das idéias, da imediata realização de desejos, das supostas forças ocultas ou retorno dos mortos, da animação do inanimado, ou de velhas convicções aparentemente superadas, mas reeditadas — acontecendo algo que as atualiza.

As idéias sobre as quais Freud insiste são: pode ser que o *estranho* se dê

> quando se extingue a distinção entre fantasia e realidade, quando algo que até então considerávamos fantasioso surge diante de nós como algo real, ou quando um símbolo assume a plena função e significado da coisa simbolizada, e assim por diante. [...] uma vivência estranha ocorre quando os complexos infantis recalcados são reativados por meio de alguma impressão, ou quando as convicções primitivas *superadas* parecem outra vez confirmar-se (p. 310)*.

---

* As citações de Freud referem-se às *Obras completas* do autor, em versão traduzida. No entanto, alguns termos foram alterados após um cotejamento com o original em alemão.

Pode ser verdade que o estranho [das *Unheimliche*] seja algo que é secretamente familiar [*Heimliche – heimische*], que foi submetido a um recalcamento e a partir deste retornou, e que tudo aquilo que é estranho satisfaz essa condição (p. 306).

Se for possível sustentar que todo afeto pode ser transformado pelo recalque em angústia, então entre as formas da angústia deve haver as que indicam que o angustiante é relativo a algo recalcado que retorna. Essa forma da angústia seria o *estranho*, independentemente de se já portasse na sua origem o caráter de angústia ou se fosse de qualquer outra ordem de afeto. Assim, a fonte do *estranho* pode ser articulada diretamente à realidade psíquica, mais do que à realidade material.

1.5. O *estranho* e a angústia. Entre Freud e Lacan

Neste ponto, podemos nos deter, abrindo um parêntese no texto de Freud. Trata-se de podermos situar os termos angústia e estranho levando em conta as diferenças entre a leitura de Freud e a de Lacan. Se por um lado é em Freud que Lacan sustenta seu desenvolvimento, por outro isso não estabelece uma continuidade indiferenciada. Não vamos centrar o trabalho nessa questão, mas é importante situarmos minimamente os lugares de produção.

Para Freud a angústia é, enquanto *originária*, um afeto que diz respeito à posição do bebê frente à separação da mãe, essa que responde a todas as suas necessidades imediatas. Além desta, originária, entende a angústia como um sinal de reação frente à ameaça de castração. Desta forma, em Freud este afeto está sempre ligado à perda de um objeto que foi investido de maneira especial, podendo ser a mãe ou o falo.

Lacan retoma a posição de Freud, no que diz respeito à angústia como afeto, como sinal. Mas para ele não irá se tratar de sinal de um perigo externo ou interno. A angústia será sustentada, conceitualmente, referida a uma posição do sujeito frente a isso que Lacan chamou de Outro[5].

---

[5] Outro, outro: lugar onde a psicanálise situa, além do parceiro imaginário, aquilo que, anterior e exterior ao sujeito, o determina.

Sendo assim, angústia, segundo o *Dicionário Larousse de Psicanálise*, é um afeto que toma o sujeito quando este é confrontado com o desejo do Outro. Em Freud tem sua causa em uma falta de objeto, separação da mãe ou do falo.

Já para Lacan, a angústia tem a ver com o que subjetivamente tem lugar entre o sujeito e o objeto perdido, é relativo à busca desse objeto (perdido desde sempre). O *objeto causa de desejo* é referente a uma falta estrutural e estruturante. A angústia surge se algo, algum objeto aparece no lugar do objeto causa de desejo, algo se apresentando ali onde deveria estar um buraco, um *cavo* um objeto *no negativo*. A condição para que haja desejo no sujeito é a de que um objeto (causa de seu desejo) possa lhe faltar. O aparecimento da angústia se dá, justamente, quando esse objeto não falta, e dessa forma o sujeito é empurrado, jogado no terreno do *Unheimlich*.

O *estranho* surge, segundo Lacan, quando *a falta pode faltar*. Com respeito a essa ruptura, há uma interessante observação de Neusa Souza:

> O estranho é esse enlace entre os registros simbólico e real que, num átimo, se nos apresenta no imaginário, lugar no qual tudo se representa, no qual tudo vem à luz. No entanto, o estranho se mostra aí despido das paramentas que dão consistência a este registro, nudez esta responsável pelo caráter terrorífico, pela presença angustiosa, marcas próprias do real como impossível de suportar. A experiência do estranho parece indicar um momento de ruptura no tecido do mundo, essa teia de véus, imagens, sentidos e

---

"... a teoria do Édipo poderia servir pelo menos para introduzir aquilo que é esse Outro. Assim, o pai, por exemplo, pode surgir sob as formas, tomadas do imaginário, do pai complacente ou do pai ameaçador, pode se confundir com o outro da realidade. Porém, por seu lugar no discurso da mãe, ele também é o Outro, cuja evocação impede a confusão das gerações, que subsista apenas uma relação dual entre mãe e o filho. Observemos que a própria mãe, inacessível, devido à proibição do incesto, encarna, enquanto objeto radicalmente perdido, a alteridade radical. Pode-se dar, a partir disso, mais um passo. Se a referência a uma instância Outra é feita pela palavra, o Outro, em seu limite, confunde-se com a ordem da linguagem. É na linguagem que se distinguem os sexos e as gerações, e que se codificam as relações de parentesco. É no Outro da linguagem que o sujeito irá tentar se situar, em uma busca sempre retomada, pois ao mesmo tempo, nenhum significante consegue defini-lo" (*Dicionário Larousse de Psicanálise*, p. 156).

fantasmas que constituem o pouco de realidade que nos é dado provar (Koltai, 1998, p. 157).

A angústia terá relação com o que pode deixar o sujeito sem condição de responder, assujeitado, sem palavras ou simbolização frente ao Outro. Alteridade onipotente, segundo Roudinesco e Plon, podendo ela ser posta em cena pelo pesadelo, pelo duplo alienante, pela estranheza inquietante, que, invadindo o sujeito, obstaculiza e destrói qualquer condição desejante no sujeito.

Lacan dispõe, então, do conceito de *Outro* para produzir sua leitura, o que lhe permite referir-se a Freud, mas também produzir outros desenvolvimentos conceituais. De qualquer modo, é importante levar em conta o trabalho de constante articulação. Pierre Kaufmann traz, a respeito da estranheza, a questão das idéias súbitas e dos impulsos involuntários, lembrando que esses seriam os hóspedes estranhos que não permitem a cada um esquecer que o *eu* não é senhor em sua própria casa (Freud, 1917); o recalcado inconsciente, ressalta, tem relação com o que Freud chamou *terra estranha interna*. Lacan retomará posteriormente tanto a questão do *hóspede estranho* quanto a de *terra estranha interna*, produzindo a noção de *exterioridade íntima*, como o lugar que habita o sujeito e permanece fora de seu alcance (Kaufmann, 1996, p. 174).

1.6. O *estranho* e a ficção

A última parte do texto de Freud vai tratar diretamente das relações entre *o estranho* e o literário: *o estranho* na fantasia enquanto ficção, na obra literária.

No texto ficcional o estranho fica dispensado da prova de realidade. Suas manifestações são multiformes, abarcam as da vida real e vão além dessa, com muito mais variações. Segundo Freud, chama a atenção o fato de que muito do que não é estranho na ficção o seria se ocorresse na vida real e de que, ao mesmo tempo, existem muito mais possibilidades e meios para a criação de efeitos estranhos na ficção do que na vida real.

No âmbito do ficcional *o estranho* fica ligado ao predomínio da fantasia. O escritor pode escolher em sua narrativa maior ou menor aproximação com nossa realidade familiar. Nos contos de fadas, por exemplo, as manifestações de forças secretas, ocultas, mágicas, animação do inanimado, realização de desejos, onipotência do pensamento, efeitos comum nos contos, não provocam – nos diz Freud – impressões do *estranho*, não resultam estranhos os fatos que o seriam na realidade.

No entanto, quando a escolha do escritor recai sobre a criação de um mundo menos fantástico do que os contos de fadas, mas que ainda assim apresenta demônios, seres sobrenaturais, almas de defuntos, como no caso dos fantasmas em Shakespeare, Hamlet, Macbeth e Julio César, mesmo que possam ser figuras lúgubres, ainda assim não produzem propriamente *o estranho*.

O que Freud aponta é que nós nos inserimos e, enquanto leitores adaptamos nosso julgamento às condições do mundo ficcional criado pelo escritor, e assim consideramos as almas, os fantasmas, os espíritos como fazendo parte do contexto e, portanto, não estranhos. Um dos exemplos citados é o do *Fantasma de Canterville* de Oscar Wilde, em que somos tomados pelo humor frente a esse fantasma que chacoalha suas correntes, perplexo, pois não assusta mais como em outros tempos. Por outro lado, quando o escritor situa a narrativa como estando na proximidade com a realidade comum, as condições de aparição do *estranho* funcionam como na vida real. Ainda assim, no ficcional, *o estranho* pode ser multiplicado e estendido para além do campo da realidade comum. Nesses casos, diz Freud, o escritor nos engana, fazendo-nos acreditar que se trata da vida comum, para logo sair dela.

Estritamente falando, todas essas variedades relacionam-se apenas com o estranho que provém de convicções primitivas superadas. O estranho que provém de complexos recalcados é mais resistente e permanece tão poderoso na ficção como na vivência, exceto numa condição [ver pág. 123]. O primeiro estranho – o que provém de convicções primitivas superadas – conserva o seu caráter não apenas na vivência, mas também na ficção, na medida em que o cenário seja de realidade material; quando se lhe dá, porém, um cenário artificial e arbitrário na ficção, pode perder aquele caráter (p. 310).

Ao final do texto, já por concluir, encontramos uma observação que pode valer a pena ressaltar, quanto às relações entre *o estranho* e o trato ficcional – a de que frente às situações de realidade que produzem *o estranho*, cada um está submetido à influência dos temas (e das circunstâncias do vivido), enquanto que na narrativa podemos responder, enquanto leitores, de uma maneira totalmente singular, dependendo da direção que o escritor franqueia. Há uma independência dos temas com relação ao efeito de *estranho*, como já referido (contos de fada, "O fantasma de Canterville", Shakespeare, etc). Freud liga, assim, o efeito de *estranho* com o jogo posicional que se estabelece entre a narrativa e o leitor:

> Já perguntamos [pág. 116] por que é que a mão decepada no tesouro de Rhampsinitus não tem o estranho efeito como na "História da mão decepada" de Hauff. A questão parece-nos mais significativa agora que reconhecemos que o estranho oriundo de complexos recalcados é o mais resistente dos dois. É fácil dar a resposta. Na história de Heródoto, os nossos pensamentos estão muito mais concentrados na astúcia superior do chefe dos ladrões do que nos sentimentos da princesa. A princesa pode muito bem ter tido uma sensação estranha, na verdade provavelmente caiu desmaiada; mas nós não temos tal sensação, pois nos colocamos no lugar do ladrão, e não no lugar dela (p. 313).

Ou seja, é relativo ao lugar desde onde o leitor pode ser convocado pelo texto que o estranho se articula. Isso vai ser interessante, mais adiante, ao retomarmos *Dom Casmurro*, pensando nos lugares aos quais o narrador vai tentar levar o leitor. Também há a intenção de pensar no efeito de estranhamento que a paternidade vai produzir em Bento Santiago, situando uma espécie de delírio cruel em torno de Ezequiel – as fantasias de matar o filho, o exílio, o abandono e os votos de morte.

Mais uma vez retomamos, agora com – mais diretamente – as razões pelas quais escolhemos o trabalho a partir do texto "O estranho".

Freud trabalha a psicanálise referindo-se a um sujeito fundado na relação com o declínio da função paterna. O que podemos situar amplamente como *o simbólico* já não dá conta da subjetividade nos moldes anteriores, com as grandes representações, com o épico, com a transcendência. Quando isso declina, emerge um estranhamento, uma relação com o *mal-estar* no mundo que se situa, que interroga de uma outra maneira. Esse mal-estar, Freud vai situá-lo em um de seus textos mais importantes, "O mal-estar na civilização".

Para iniciar o pensamento sobre este *mal-estar*, faz-se necessário salientar que o texto inicia com uma referência de seu autor comunicando que havia enviado a Romain Rolland uma cópia do artigo "O futuro de uma ilusão". Rolland teria elogiado o texto, só lamentando que Freud não tivesse acentuado o que considera a fonte do sentimento religioso, uma espécie de *sentimento oceânico*, de comunhão, de pertencimento ao mundo, uma sensação de eternidade. Freud tem grande admiração pelo amigo; no entanto não encontra em si nada que se pareça com tal sentimento. Passa então a formular sua hipótese sobre o sentimento oceânico como sendo um resto, uma tentativa do restabelecimento infantil do narcisismo, de uma primeira miragem, podemos dizer, de *ser-um-com-o-todo*.

A derivação das necessidades religiosas, a partir do desamparo do bebê e do anseio pelo pai que aquela necessidade desperta, parece-me incontrovertível, desde que, em particular, o sentimento não seja simplesmente prolongado a partir dos dias da infância, mas permanentemente sustentado pelo medo superior do Destino (Freud, 1930, p. 90).

Freud vai situar basicamente a relação que o homem tem, nesse momento *moderno*[6], com o impossível por três vertentes: o impossível domínio frente ao outro (ao semelhante), frente à natureza e frente ao corpo (decadência). É a partir das modalidades de encontro do homem com *o impossível* que vão se desdobrar as elaborações sobre o sintoma, seja individual, seja da ordem do sintoma social.

Quando o simbólico (as grandes referências culturais até então sustentadoras, seus grandes textos, a tradição) já não dá conta do campo das representações, como antes referimos, emerge um excesso. Excesso esse que

---

[6] Entende-se como moderno um momento em que a linguagem se expressa pelas rupturas e por novas formações que explora.

vai ter que achar novas formas de expressão não só no que se refere ao conteúdo, mas também à forma. O excesso de que se trata, isso que escapa ao recobrimento e ao mesmo tempo interroga, produz mal-estar, é relacionado com o que em Lacan se apresenta, em seu retorno à obra freudiana, como a emergência do real, aquilo que não encontra simbolização (e não pára de insistir). O real, para Lacan, é o impossível. Há sempre algo irredutível. A noção do real vai ser fundamental para a clínica psicanalítica, pois todo o recobrimento sintomático ou fantasmático se dá em cima do real.

Nossa hipótese é a de que Freud aproximou-se do texto literário também com esse olhar, deixando-se encontrar, interrogar, em alguns momentos, pelos textos que traziam não as costuras harmônicas, redondas, mas as ficções que apontavam os pontos de estranhamento, das fraturas, do recalcado, do que ele encontrava, de outro lado, na experiência de escuta/ formulação recente do inconsciente.

Podemos pensar que a relação que Freud estabeleceu com o texto literário tinha muito a ver com o que o interrogava na clínica. Por isso achamos que o texto do *estranho* pode ser articulador entre esses termos, o sujeito na modernidade freudiana, e ao mesmo tempo indicador de sua ligação com a literatura. Talvez não a única via para responder à pergunta – o que Freud foi buscar no texto literário? E sim uma das mais ligadas à clínica. E por estar ligada, de maneira singular, à sua interrogação sobre a clínica podemos pensar que não era uma relação de ilustração, de exemplificação; era mais estrutural, nodal, basta pensar no lugar que veio a ter para Freud a narrativa de Édipo. Isso, provavelmente, ficou mais claro e teve maior desenvolvimento com Lacan, quando este acentuou a posição ética de que o psicanalista não tem que bancar o psicólogo frente ao texto literário, sendo, ao contrário, o texto que aporta um saber.

2.
Um narrador incerto – entre o estranho e o familiar

> Aí vindes outra vez, inquietas sombras.
> *Goethe*

2.1. *Dom Casmurro.* O romance, o mal-estar

Dom Casmurro, de Machado de Assis é um romance que tem atravessado gerações de críticos e leitores; vivo em sua atualidade, genial no estilo e, sem dúvida, absolutamente fundado em um inquietante mal-estar. Publicado em 1900, leva-nos ao Rio antigo, ao trem da Central do Brasil, onde esse passageiro, homem maduro, cansado, cochila enquanto um rapaz tenta recitar-lhe alguns versos. O rapaz desiste, chateado, e a partir do dia seguinte passa a chamar aquele senhor de Dom Casmurro.

Casmurro, calado, recluso, Dom por ironia, ares de fidalgo. Ele é o narrador que reconstitui, no livro, sua vida, suas memórias.

Dom Casmurro, Bentinho, Bento Santiago. Três nomes do personagem-narrador, desdobrando lugares diferentes na narrativa. Bentinho é o narrador enquanto jovem-menino que, aos 15 anos, ouve atrás da porta uma conversa entre sua mãe e o agregado da casa, José Dias, conversa que indica seu lugar: ele está apaixonado por Capitu, a menina da casa ao lado, e nem sabia. É José Dias quem aponta para Dona Glória o assunto, tem observado os dois jovens em segredinhos, sempre juntos. Para Bentinho, as palavras de José Dias têm um efeito inusitado de revelação.

A primeira parte do livro dá conta desse tempo em que Bentinho vive o amor por Capitu, vai, estuda e volta do seminário – de onde retorna tendo feito um grande amigo, Escobar. Com a ajuda de José Dias e de Capitu, finalmente, consegue desfazer-se dos votos eclesiásticos do compromisso materno, já que Dona Glória havia feito a promessa de que o filho se tornaria padre. Diante dessa conquista, Bentinho retorna à casa da família e consegue realizar com a moça o sonho compartilhado: o casamento.

Primeiro tempo de casados, tudo corre bem, Bentinho já passa a marido e proprietário, deixa para trás o menino tímido dominado pela mãe, D. Glória. Compartilha a vida com Capitu e com o casal Sancha e Escobar. O filho demora a vir; quando nasce é festejado. Bentinho nunca havia sentido algo parecido, encantado com o menino.

Tragédia: Escobar, exímio nadador, morre afogado no mar. No velório, Bento Santiago encontra algo no olhar de Capitu para o morto que passa a transtorná-lo. O ciúme é deflagrado com violência, tudo passa a ser retroativamente lembrado como indício da traição e, para culminar, Ezequiel, o filho, passa a ser visto por Bento como refletindo a imagem de Escobar (padrinho do menino).

Filho do outro, ele conclui, como Otelo deduz a culpa de Desdêmona. A tragédia shakespeareana de Otelo compõe o pano de fundo da história de Bento e Capitu, jogando especularmente uma história dentro da outra, estabelecendo a construção em abismo (*mise em abyme*).

A narrativa é produzida desde o ponto de vista de Bento Santiago, certeza da traição de Capitu, certeza essa que o romance ao mesmo tempo desautoriza em sua trama.

O *mal-estar* e a crueldade ganham a cena – Bento Santiago desfaz-se de Capitu e do filho, mandando-os para a Europa, mantendo as aparências com um exílio sem volta para Capitu. Ela morre no estrangeiro, Ezequiel retorna, jovem adulto. Bento oscila entre fugazes impulsos amorosos que sucumbem em um voto de morte dirigido ao filho – bem que ele poderia pegar lepra. O rapaz efetivamente morre em uma viagem, Bento diz sobre o dia em que soube da morte do filho (p. 944): "Apesar de tudo, jantei bem e fui ao teatro".

A pergunta que Dom Casmurro se faz, para concluir, é a de se, afinal, a Capitu que trai já estava dentro da Capitu menina. Estrategicamente, o narrador faz o leitor convir que sim, que uma já estava dentro da outra como (p. 944): "a fruta dentro da casca. [...] a minha primeira amiga e o meu maior amigo, tão extremosos ambos e tão queridos também, quis o destino que acabassem juntando-se e enganando-me... A terra lhes seja leve!".

2.2. A voz do narrador e o estranhamento

O que interroga em *Dom Casmurro* é o tecido construído através da voz do narrador; ele indica os caminhos de sua convicção, a da culpa de Capitu, convida o leitor a preencher lacunas, proíbe determinados caminhos, aponta direções que serão ao mesmo tempo desfeitas e subvertidas. Sua escrita desdobra a experiência de narrar as memórias e a história que vão sendo construídas no tempo mesmo da narrativa, pondo em questão a cada passo a pergunta: mas de onde mesmo que ele está falando?

Neste percurso do narrador – simultaneamente tecer e achar-se no tecido – há momentos de subversão, de virada, que nos levam muito perto do estilo do autor, de sua forma de estar na linguagem, de ser tomado por ela. Diz algo da experiência da subjetividade de nosso contexto nos tempos da modernidade, o narrador já não é o narrador distanciado, voz em terceira pessoa, onisciente, mas sim um narrador que se insere em uma linhagem da narrativa ficcional de memórias, em primeira pessoa, fraturado, dividido, marcado pela contradição.

Assim como os contos de Hoffmann permitiram que em Freud algo surgisse como elaboração em torno das narrativas fantásticas, acreditamos encontrar, no texto machadiano, questões que concernem ao sujeito, onde podemos situar algo que remete a essa borda do real, do estranhamento, em outro estilo: não da ordem do fantástico[1], mas do que se aproxima dos

---

[1] Valeria a pena o aprofundamento da discussão sobre a noção de fantástico, para não ficarmos apenas no uso corrente do termo. Todorov aponta o gênero fantástico como evanescência, durante apenas o tempo de uma hesitação, um caso particular de visão ambígua, onde a crença ou a incredulidade absolutas levariam para fora de seu âmbito. O fantástico teria relação com a incerteza, caráter diferencial entre o estranho (que com relação à temporalidade, por exemplo, poderia ser inexplicável, mas redutível

aspectos mais banais e prosaicos da vida comum (o que também se aproxima, na clínica, da vida cotidiana, dos sujeitos que trazem as questões que lhes concernem, que insistem, que determinam circuitos os mais diversos, repetitivos, e não propriamente feitos extraordinários).

Assim como os três nomes, pode-se destacar pelo menos três momentos de estranhamento, de *viradas* no texto: a duplicação da casa – concerne a Dom Casmurro –, um ponto de subversão, o eu e seu desconhecimento; este é o ponto de maior aproximação com a noção do estranho/familiar freudiano no texto. Os *olhos de ressaca* de Capitu – concerne a Bentinho –, virada do lugar de sujeito a objeto, perda, um *estranhamento* de outra ordem; deslocamento do estranho em direção ao funcionamento pulsional, podemos dizer. *Escobar reeditado* em Ezequiel – concerne a Bento Santiago –, o inusitado, o especular no ciúme, o morto quase que retornando da sepultura, o impossível encontro com a paternidade.

2.3. A duplicação da casa, ou "atar as duas pontas da vida"

Dom Casmurro situa, no segundo capítulo do livro, as condições de sua vida atual. Vive sozinho com um criado, e a casa em que vive é fruto de um desejo bastante peculiar, "que me vexa imprimi-lo" (p. 809), diz ele. Relata que há anos pensou em reproduzir no bairro do Engenho Novo (onde vive) a antiga casa, a casa da infância, em que se criou, a da rua de Matacavalos. A mesma casa, um sobrado; as mesmas peças; a mesma disposição, varanda e a sala, com as pinturas no teto e nas paredes os medalhões de César, Augusto, Nero e Massinissa, com os nomes embaixo. Não entende bem o porquê dessas figuras que já lá estavam quando a família comprara a casa (p. 810): "Naturalmente era gosto do tempo meter sabor clássico e figuras antigas em pinturas americanas".

---

a fatos conhecidos experimentados em relação ao passado) e o maravilhoso (desconhecido, jamais visto, por vir), mais do que portador de uma consistência própria. Não seguiremos essa discussão neste momento para não nos afastarmos demasiado do tema que estamos abordando.

Tem chacarinha, flores, legumes, uma casuarina, um poço e um lavadouro, e a observação que o situa (p. 810): "uso louça velha e mobília velha". É o relato de um velho atado a uma impossibilidade: "O meu fim evidente era atar as duas pontas da vida, e restaurar na velhice a adolescência".
E segue (p. 810):

Pois senhor, não consegui recompor o que foi nem o que fui. Em tudo, se o rosto é igual, a fisionomia é diferente. Se só me faltassem os outros, vá; mas falto eu mesmo, e esta lacuna é tudo. O que aqui está é, mal comparando, semelhante à pintura que se põe na barba e nos cabelos, e que apenas conserva o hábito externo, como se diz nas autópsias; o interno não agüenta tinta.

O tédio, a monotonia o faz pensar em escrever, não sabe bem o quê; talvez jurisprudência, filosofia, política ou talvez uma História dos subúrbios, e é nesse ponto que relata o fato de que os bustos pintados nas paredes passam a falar-lhe, dizendo que, já que eles não eram capazes de lhe restituir os tempos passados, quem sabe ele tomasse da pena e contasse alguns (p. 811): "Talvez a narração me desse a ilusão, e as sombras viessem perpassar ligeiras, como ao poeta, não o do trem, mas o do Fausto: Aí vindes outra vez, inquietas sombras?".

E é a partir daí que se inicia o retorno no tempo, Dom Casmurro narrando o momento em que Bentinho descobre, ouvindo uma conversa atrás da porta, entre a mãe e José Dias, que há algo entre ele e Capitu que ele não alcançava nomear, que lhe vem pela palavra do outro.

A questão da casa e das duas pontas da vida é retomada em um dos capítulos finais do livro, intitulado "Uma pergunta tardia", onde o narrador acrescenta que não é que tenha efetivamente ligado as duas pontas da vida, que esta casa do Engenho Novo na verdade, mesmo reproduzindo a antiga apenas a evoca (p. 941):

A razão é que, logo que minha mãe morreu, querendo ir para lá, fiz primeiro uma longa visita de inspeção por alguns dias, e *toda casa me desconheceu*. No quintal a aroeira e a pitangueira, o poço, a caçamba velha e o lavadouro nada sabiam de mim. A casuarina era a mesma que eu deixara ao fundo, mas o tronco, em vez de reto, como outrora, tinha agora um ar de ponto de interrogação; naturalmente pasmava do intruso. Corri os olhos pelo ar buscando algum pensamento que ali deixasse, e não achei nenhum. *Tudo me era estranho e adverso* [grifos nossos].

A casa que lhe era tão familiar em um primeiro tempo passa ao desconhecimento, a casa não o reconhece. O leitor há de se perguntar por que é que ele, tendo a própria casa antiga, no mesmo lugar, não impediu que a demolissem ao invés de vir a reproduzi-la na seqüência? Os objetos, esses que são inanimados passam ao animado, a apontar-lhe o estranhamento, o tronco da casuarina agora o interroga, a caçamba e o poço nada mais sabiam dele, pasmavam do intruso. O *"heim"* que Freud aponta no desenvolvimento de seu texto "Das Unheimliche", o *"heim"* que é a casa, o familiar, produz seu deslocamento em direção ao dissimulado, ao estranho, a esse tronco que outrora reto agora se entorta em interpelação.

A ambivalência ganha lugar, a casa não lhe devolve o tempo do amor materno em que a miragem da satisfação plena poderia ser suposta entre Bentinho e a mãe, que culmina no relato de Bentinho, quando, corajosamente decidido a revelar para a mãe a sua paixão por Capitu, em sua presença, a da mãe, só consegue balbuciar um "eu só gosto de mamãe...".

Tudo agora é estranho e adverso, o ponto de angústia nos detalhes, nos traços mínimos do que emana desses objetos que de alguma forma o olham, o interpelam, pode-se dizer, o angustiam.

O trabalho de Freud em torno do *estranho* é retomado por Lacan, na releitura do texto freudiano, em seu seminário sobre a angústia. Ele lembra que o texto de Freud (p. 49) sobre o *estranho* é "a dobradiça absolutamente indispensável para abordar a questão da angústia". Em um ponto do seminário, Lacan retoma a questão do *heim* a partir de um deslocamento até o ponto de ser *unheim*: "Se quiserem, digamos que se essa palavra tem um sentido na experiência humana, é aí a casa do homem. [...] O homem encontra sua casa num ponto situado no Outro, além da imagem de que somos feitos, e esse lugar representa a ausência onde estamos".

Evidentemente não se trata da casa (do texto de Machado) na sua literalidade, mas há um jogo entre esse lugar de ausência e a imagem especular que nesse ponto pode surgir como imagem de um duplo, como aquilo que pode veicular uma estranheza radical.

Uma imagem do eu espelhada na casa pode retornar para Bentinho em uma dimensão angustiante, como *mal assombrada,* como desconhecimento, como referência no imaginário que produz essa árvore como ponto de interrogação, por exemplo. A velha casa deve então ser destruída, ela de alguma forma lhe é hostil. A casa nova, no entanto, sua reprodução exata, sua duplicação, podemos dizer, também não se constitui como seu *heim.* Nem a velha o situa, nem a nova o encontra, há uma lacuna, *falto eu mesmo.* O personagem narrador não dá conta de atar as duas pontas da vida.

Para Helen Caldwell (2002) *Dom Casmurro* tenta, com a reedição da casa, realizar a ressurreição de sua alma como uma forma de reaver o que ainda pudesse ser encontrado, em si mesmo, de Bento Santiago. Ele se encontra com a impossibilidade do projeto, só conseguindo erigir uma tumba com um cadáver bem embalsamado, nos diz Caldwell – um monumento que traz uma visão em retrospectiva, povoada de fantasmas.

Dom Casmurro, mais tarde, ainda esclarece (p. 941): "Não é que haja efetivamente ligado as duas pontas da vida. Esta casa do Engenho Novo, conquanto reproduza a de Matacavalos, apenas me lembra aquela, e mais por efeito de comparação e de reflexão que de sentimento".

E prossegue (p. 810): "mas falto eu mesmo, e essa lacuna é tudo".

Em *O real e o duplo* o filósofo francês Clément Rosset (1976, p. 80) faz uma observação a respeito da busca do *eu,* seguindo a leitura de Lacan, afirmando que esta busca encontra-se sempre referida a algum tipo de retorno obstinado a tudo aquilo que pode pôr em cena o espelho, o especular em todas as suas formas e analogias, como uma repetição da impossibilidade de restituir essa coisa invisível que se procura ver: o *eu,* de forma direta, ou um outro *eu,* seu duplo.

Talvez, segue Rosset (p. 81), a raiz da angústia possa ser encontrada, deva ser procurada "num terror mais profundo: de eu mesmo não ser aquele que pensava ser. E mais profundamente ainda, de suspeitar nesta ocasião que talvez não seja coisa alguma, mas nada".

Segundo Valéria J. Monteiro (1997, p. 62) a propósito do estranho a respeito da casa em *Dom Casmurro:*

O estranho, o desconhecido da casa seria um nada, silencioso, sem linguagem, se o narrador, via função fática que oferece ao leitor, não tivesse apontado tais elementos. Esta função é bastante recorrente não apenas neste romance, mas em toda obra de Machado, indicando que algo "estranho e adverso atingiu coisas conhecidas e familiares, tornando-as motivo de espanto".

O silencioso, o sem linguagem, podemos situá-lo em outros termos como sendo da ordem do real; nesse caso, fazendo uma irrupção no campo do imaginário.

2.4. Olhos de ressaca ou o naufrágio de Bentinho

Olhos de ressaca ficou, a partir de Machado de Assis, como uma expressão que perdura, atravessa o tempo; sai do livro e até hoje designa algo como um índice do feminino no contexto brasileiro. Foi como Bentinho pôde dizer desses olhos, lugar também de sua perda.

No capítulo intitulado "Olhos de ressaca" (p. 842), o Bentinho adolescente vai até a casa de Capitu, a encontra penteando-se na frente do espelho, "um espelhinho de pataca" diz o narrador, acrescentando entre parênteses "perdoai a baratez"; quer fazer surpresa, chegar em silêncio e surpreender Capitu, mas ela percebe a chegada, pelo espelho ou pelo pé, segundo ele. A partir daí Capitu pede a Bentinho que jure pedir a intervenção de José Dias junto a D. Glória, tentando evitar a ida do jovem para o seminário. Bentinho jura e nesse momento pede para ver os olhos de Capitu.

Faz o pedido porque lembra, nesse instante, as palavras de José Dias sobre Capitu, sobre seus olhos, "olhos de cigana oblíqua e dissimulada". A observação é sobre a parte, os olhos, mas a extensão é sobre a mulher que Capitu prenunciava. Bentinho não entendia bem do que se tratava em oblíqua, mas sabia de dissimulada e quer sondar essa palavra nos olhos da namorada.

Capitu se deixa examinar, somente pergunta a Bentinho de que se tratava, se nunca tinha visto seus olhos. Bentinho olhava e não encontrava nada de extraordinário nos olhos da namorada:

[...] *a cor e a doçura eram minhas conhecidas.* A demora da contemplação creio que lhe deu outra idéia do meu intento; imaginou que era um pretexto para mirá-los de perto, com os meus olhos longos, constantes, enfiados neles, e a isto atribuo que entrassem a ficar *crescidos e sombrios, com tal expressão que...* [...] Não me acode imagem capaz de dizer, sem quebra da dignidade do estilo, o que eles foram e me fizeram. Olhos de ressaca? Vá, de ressaca. É o que me dá idéia daquela feição nova (p. 843) [grifos nossos].

A seqüência da fala de Bentinho constitui uma das passagens mais belas da narrativa de Machado (p. 843):

Traziam não sei que fluido misterioso e enérgico, uma força que arrastava para dentro, como a vaga que se retira da praia, nos dias de ressaca. Para não ser arrastado, agarrei-me às outras partes vizinhas, às orelhas, aos braços, aos cabelos espalhados pelos ombros; mas tão depressa buscava as pupilas, a onda que saía delas vinha crescendo, cava e escura, ameaçando envolver-me, puxar-me e tragar-me. Quantos minutos gastamos naquele jogo?

O momento da virada é apresentado forte, o que parecia familiar e doce, frente à onda do desejo que irrompe pode transformar-se em devastação, ser mesmo um sumidouro, um lugar de perda. Novamente o jogo entre o familiar e o estranho.

Didi-Huberman (1998, p. 227) observa, com relação ao lugar do que suscita a angústia: "é o lugar onde o que vemos aponta para além do princípio do prazer, é o lugar onde ver é perder, e onde o objeto da perda sem recurso nos olha. É o lugar da inquietante estranheza (*Das Unheimliche*)".

Huberman aponta um dos paradigmas freudianos para explicar a inquietante estranheza, a *desorientação* (p. 231): "a experiência na qual não sabemos mais exatamente o que está diante de nós e o que não está, ou então se o lugar para onde nos dirigimos já não é aquilo dentro do qual seríamos sempre prisioneiros".

É uma das proposições do texto freudiano "O estranho" de que quanto mais nos achamos situados em nosso ambiente, tanto menos sujeito se está a receber coisas ou acontecimentos que produzam o efeito de *estranho*:

Ora, é em último limite diante do sexo feminino, nos diz Freud, que os "homens neuróticos" – ou seja, os homens em geral – mais experimentam essa desorientação da *Unheimliche:* é quando se abre diante deles esse lugar estranho, tão estranho, em verdade, porque impõe aquele retorno à casa (das heimische) perdida... (Didi-Huberman, 1998, p. 231).

Bentinho, que se achava em águas conhecidas, está agora prestes a se afogar. A dimensão da parcialidade vem ao primeiro plano, fantasmática, quando o sujeito pode ser reduzido a um puro objeto, quase tragado pelos olhos de ressaca. Ele se agarra às outras partes do rosto como o náufrago em perigo.

A psicanálise nos faz pensar o olhar como sendo um dos objetos da angústia, e o estranho como uma de suas manifestações. Temos a considerar aí a diferença entre a angústia e o medo. Classicamente, na psicanálise, o medo teria um objeto situável no exterior, enquanto a angústia não.

Lacan vai propor uma outra formulação que nos permite avançar na questão: a angústia não é sem objeto. Isso se refere ao mesmo tempo ao objeto que causa o desejo, ou seja, é em uma relação com o Outro que tanto a angústia quanto o desejo se jogam.

O olhar pode veicular esse temor de perder-se no Outro, em sua demanda que, se ilimitada, não circunscrita, poderia engolfar o sujeito, deixá-lo entregue ao gozo desse Outro como um puro objeto. Esse pode ser o movimento do sujeito tomado no campo do funcionamento pulsional, um deslocamento da zona do *estranho* para o da pulsão nessa virada de sujeito para objeto. A angústia viria aí no lugar em que *a falta pode faltar*, ou seja, não havendo uma falta, uma barra, um limite no Outro, ele poderia "me tragar", incomensurável. Como o mar.

A metáfora do naufrágio (e mesmo das navegações) é constante em todo o texto, mas aparece em especial no que concerne ao encontro do personagem-narrador com a mulher, onde Bentinho pode se achar tomado, engolfado pela onda cava e escura, essa borda de real, de um buraco insondável.

Realizando um salto nas referências, podemos lembrar que Freud escreve em 1900, texto contemporâneo a *Dom Casmurro*, sua obra mais contundente no que se refere à descoberta/invenção do inconsciente, a *Interpretação dos sonhos*. Nesta há uma passagem sobre um sonho de Freud que ficará registrada como paradigmática de seu encontro com o insondável do feminino; trata-se do sonho que ficou conhecido como "Sonho da injeção de Irma". No sonho Freud recebe algumas pessoas em sua casa, entre elas uma ex-paciente, Irma, com relação a quem ele havia ficado incerto quanto ao rumo do tratamento analítico, optando ela pela interrupção. Irma se queixa, no sonho, de que não está bem; Freud a censura por não ter aceitado a solução que indicara (seguir o tratamento) e se põe a examinar a garganta da paciente. No instante em que examina a garganta de Irma, Freud é tomado de angústia frente a esse buraco, ao obscuro dessa garganta sem fundo. É um momento do insuportável, disso que pode levá-lo a essa experiência de abismo, de perda. Uma perda que vai desdobrar-se na elaboração das questões em torno do inconsciente, do desejo e do que resta para ele de enigmático a respeito de – afinal de contas, essa é a sua questão – "o que quer uma mulher?".

Quando relê o conto "O homem da areia", de Hoffmann, Freud destaca o fascínio e o horror do jovem Natanael frente à sua amada Olímpia, dois buracos negros no lugar dos olhos, insuportáveis.

E a propósito do texto freudiano "O estranho", Neusa Sousa afirma:

> Outra figura do estranho é o feminino. O feminino pensado como diferença, alteridade – o feminino como Outro. Outro sexo, outro modo de gozo, outra raça, outro país, outra língua. O feminino é o Outro que se opõe ao mesmo, resiste ao um da norma, faz objeção ao todo, à totalização, se contrapõe à ordem dominante. Norma de um lado, feminino do outro. A norma é sempre o masculino, o fálico, o adulto, o europeu. O feminino é desmesura, o que não se deixa reduzir, o que, com a norma, não tem medida comum. Nesse campo aberto habita o estrangeiro, o diferente, o que caminha noutra direção (Koltai, 1998, pp. 159-60).

O buraco da garganta de Irma, o faltoso dos olhos de Olímpia, a onda cava e escura dos olhos de ressaca.

Ressaca quer dizer o refluxo de uma onda, movimento do mar quando este lança e a seguir suga os objetos que estão perto da orla. Segundo Houaiss, tem a ver com um movimento forte de investida das ondas de um mar agitado contra o litoral e também pode incluir o movimento de recuo, de recolha. Diz-se também do mal-estar após uma bebedeira, *estar de ressa-*

ca, mas o sentido que nos parece mais interessante, articulado ao da onda que engolfa e puxa, é o de inconstância, versatilidade, volubilidade. É bem o que prepara e produz como que um envoltório significante da figura feminina que se articula em torno de Capitu. A inconstância e a volubilidade, o *oblíquo e dissimulado* constituem a abertura para a suposição da traição, apesar da afirmação em paralelo, durante todo o tempo, da constância dos olhos doces e familiares.

Na seqüência do *naufrágio* de Bentinho, ele contrapõe os termos das felicidades e suplícios, dos tormentos e das delícias, infernos e céu de Dante, tudo nessa duração fugaz do tempo do olhar, que se conclui quando o rapaz termina por se agarrar (salvar) efetivamente nos cabelos de Capitu, oferecendo-se para penteá-los.

A transformação da menina em mulher não deixa Bentinho em uma posição muito tranqüila, ela é mais mulher do que ele homem, diz num momento. Em outro ponto do texto o narrador dirige-se a uma leitora mulher: "Tudo isso é obscuro, dona leitora, mas a culpa é do vosso sexo, que perturbava assim a adolescência de um pobre seminarista". E, mais adiante (p. 892),

> Na verdade, Capitu ia crescendo às carreiras, as formas arredondavam-se e avigoravam-se com grande intensidade; moralmente, a mesma cousa. Era mulher por dentro e por fora, mulher à direita e à esquerda, mulher por todos os lados, e desde os pés até a cabeça. [...] de cada vez que vinha a casa achava-a mais alta e mais cheia; os olhos pareciam ter outra reflexão, e a boca outro império.

Há no livro ainda outro capítulo com o mesmo título (é o único caso no texto de um título duplicado) "Olhos de ressaca": é no velório de Escobar, e Bento se depara com o olhar de Capitu para o morto. Em meio à confusão geral Capitu olha o cadáver (p. 927)

> [...] tão fixa, tão apaixonadamente fixa que não lhe admira lhe saltassem algumas lágrimas poucas e caladas. [...] Momento houve em que os olhos de Capitu fitaram o defunto, quais os da viúva, sem o pranto nem palavras desta, mas grandes e abertos, como a vaga do mar lá fora, como se quisesse tragar também o nadador da manhã...

Aqui se concentram os cruzamentos e o ciúme ancora-se de uma vez por todas. A relação com o olhar de Capitu para o morto, tal qual olhou para ele, Bentinho, um dia (olhar de delícias, mas também de risco, mortífero); o deslizamento de Capitu para "olhos de viúva", de fixidez para paixão.

Escobar, o amigo atraído pelo desafio dos mares bravios, morre justamente afogado. Por Capitu? Fica o suspense. O que vem imediatamente antes dessa morte é a narrativa do encontro, na noite anterior; dos dois casais de amigos, a pedido de Sancha, que anuncia um projeto para os quatro, um convite, uma viagem à Europa. Bento percebe qualquer coisa diferente naquela mulher, uma excitação naquela noite, uns olhares quentes e intimativos de Sancha para com ele, toda a cena pontuada pela observação do mar batendo com força, e da ressaca na praia. Bento, na despedida, com o toque dessa mulher, tem um momento de vertigem e pecado. A situação é totalmente inusitada, ele tenta achar disso algum registro anterior, e observa (p. 924): "Tive uma certeza só, é que um dia pensei nela como se pensa na bela desconhecida que passa".

Cabe aqui associar a bela desconhecida que passa com a poesia de Baudelaire, a incrível "Passante", que deixa seu rastro de forma indelével, inesquecível, com o envio de um raio, de um olhar fulgurante, derradeiro, antes de desaparecer na multidão. Para Bento, Escobar havia recebido, defunto, aqueles olhos.

2.5. O ciúme. Escobar em Ezequiel, ou o morto retorna da sepultura

O ciúme para Bento Santiago é rememorado desde o momento em que o Otelo de Shakespeare é introduzido no capítulo "Uma reforma dramática". A partir daí vai referir o "segundo dente de ciúme", quando vê um rapaz a cavalo passar pela rua e voltar seus olhos para Capitu, ao modo dos namoros de antigamente.

O "primeiro dente de ciúme" é relatado em seguida, o narrador lembra do tempo do seminário, quando José Dias comenta que Capitu não sossegaria até pegar algum peralta da vizinhança que casasse com ela.

Em "Embargos de terceiro", capítulo onde Bento vai ao teatro, mas volta logo preocupado com Capitu, que havia dito não se sentir bem e preferira ficar em casa, ele encontra Escobar descendo as escadas; o amigo teria ido para falar com ele sobre uns embargos. Antes desse encontro inesperado, o narrador vinha ponderando (p. 918):

> Cheguei a ter ciúmes de tudo e de todos. Um vizinho, um par de valsa, qualquer homem, moço ou maduro, me enchia de terror e desconfiança. É certo que Capitu gostava de ser vista, e o meio mais próprio a tal fim (disse-me uma senhora, um dia) é ver também, e não há ver sem mostrar que se vê.

Fica claro que o "terceiro" dos embargos vai se armando em torno de Escobar. Este que desde a adolescência de Bentinho aparecia como o amigo devotado, mas também aquele que tinha os olhos (p. 868) "um pouco fugitivos, como as mãos, como os pés, como a fala, como tudo".

Escobar nos é apresentado metonimicamente, por contigüidade, as partes pelo todo, os olhos e as mãos. Suas mãos, diz o narrador, são daquelas que não apertam as outras e também não se deixam apertar, dedos que quando se cuida de ter entre os seus já não estão mais.

Ao mesmo tempo, o amigo foi ganhando a confiança de Bentinho (p. 868): "Escobar veio abrindo a alma toda, desde a porta da rua até ao fundo do quintal [...] como as portas não tinham chaves nem fechaduras, bastava empurrá-las, e Escobar empurrou-as e entrou. Cá o achei dentro, cá ficou, até que...".

Há duas vertentes principais em *Dom Casmurro* que apontam o surgimento e desdobramento do ciúme: o olhar de Capitu para Escobar morto, que faz com que Bento Santiago situe algumas situações que lhe retornam, lembranças de episódios ambíguos que poderiam apontar para uma cumplicidade entre Escobar e Capitu, e, a outra vertente, ressaltando a semelhança que passa a ver entre seu filho Ezequiel e Escobar (portam o mesmo nome de batismo, Escobar chama-se Ezequiel de Sousa Escobar). A primeira via nos remete mais propriamente para a relação de ciúme e a segunda para uma possibilidade que poderia indicar o caminho do "estranho", quase na constituição de um outro que retorna da tumba para vir, de certa maneira, assombrá-lo (referimos "poderia indicar" o estranho por acharmos que esta seria uma aproximação que o texto permite, mas não fecha; a semelhança pode ser lida em *Dom Casmurro* também como algo mais rarefeito, indefinível, que vem surgindo aos poucos, sem acentuar seu contorno). Nesse percurso, Bento, que era protagonista do amor por Capitu, se vê progressivamente empurrado para um lugar de sombra, de perda do lugar desejante, de homem e de pai. Ele é aquele a quem a pintura mal disfarça o corpo da autópsia, derrocada de sua posição de sujeito.

Não vamos seguir neste desenvolvimento a questão do ciúme, mas apenas indicar sua construção no efeito de "estranho" que termina por fazer Bento Santiago achar-se sentado à mesa com esse que "sai da sepultura".

O ciúme, Freud aponta em "Sobre alguns mecanismos neuróticos nos ciúmes, a paranóia e a homossexualidade", assim como a *tristeza* pertencem àqueles sentimentos que, de alguma forma, participam da vida normal; ou seja, vão compor em maior ou menor grau a vida amorosa comum, com mais ou menos recalque. Ele destaca ainda três formas: o que seria o ciúme dito normal, o ciúme projetado (quando se deseja fora da relação amorosa e a seguir se projeta esse desejo "infiel" no parceiro) e o ciúme delirante. Podemos nos perguntar se, no final das contas, essas fronteiras seriam tão delimitadas, se esses elementos não estão constantemente imbricados. Mas, de qualquer maneira, há um traço do ciúme que sempre comparece: o de ser fixador, o de transformar tudo em sinal, em indício, um colapso da dimensão polissêmica da linguagem.

Em *Quelques remarques a propos d'un amour de Swann*, M. Lerude comenta o ciúme de Swann, na obra de Proust, com relação a Odette:

> E o ciúme consiste em um esvaziamento da equivocidade da língua, dos fenômenos: tudo faz signo, cada palavra, cada situação indica que Odette está alhures, com um outro, em um outro gozo que ele ignora, do qual ele é privado, amputado. A vida de Odette não lhe é, no fundo, mais desconhecida neste momento do que antes, mas é um "Desconhecido" reconhecido como tal que se trata, a partir daí, de preencher infinitamente (Lerude, 1995, p. 113).

A autora indica o desencadeamento do ciúme no momento em que Odette não se encontra mais no mesmo lugar, há o surgimento de um duplo, um semelhante nomeado (Forcheville, que freqüenta o mesmo círculo social de Swann). Ela não é mais totalmente dele, assim como Capitu não o é de Bento, cai a miragem de que um homem pudesse possuí-la toda – a mulher –, pontuar todos os momentos de sua vida.

Capitu é uma mulher casada, tem relações sociais, o marido observa que ela gosta disso; e, ponto principal, tem um filho, o que evidencia a não totalidade de seu olhar na direção de Bento. O ciúme demanda essa exclusividade que é impossível.

Roland Chemama, em *La Jalousie* (1995), aponta para o fato de que o ciúme, pelo menos em parte, corresponde a um desconhecimento disso que podemos situar como uma falta fundamental, uma defesa contra essa falta, defesa contra o que poderíamos situar como a castração (é na defesa contra a castração que Freud desenvolvia a noção do *estranho*); sendo assim a impossibilidade, o limite em realizar o que se quer fica totalmente posto na conta do outro. No lugar de poder reconhecer um limite que é da estrutura da subjetividade (cada um se constitui, subjetivamente, através de uma identificação com o outro – o semelhante –, mas isso tem um limite) acha-se alguém que, supostamente, deve arcar com essa a conta. O ciúme reforça o risco que o imaginário designa como relação de exclusividade: só há lugar para um, então é ou um ou outro. Ao mesmo tempo essa relação indica, mais do que a rivalidade, um movimento identificatório, e é nisso que o sujeito pode se ver questionado a respeito de sua posição; entra em cena a possibilidade de sua queda, ligada à colocação em jogo de seu desejo.

Na relação Bento – Ezequiel – Escobar as coisas iniciam por um apontamento sutil, no texto, com respeito a um tecido de semelhanças, portanto, de identificações. No capítulo intitulado "O retrato", Bentinho vai à casa de Sancha para encontrar Capitu com a amiga, e o pai de Sancha refere-se à semelhança do retrato de sua mulher, já falecida, com a amiga tão querida da filha. Reforça a opinião com o comentário de todas as pessoas que haviam conhecido a mulher. Pondera, como que falando de casualidades (p. 829), "Na vida há dessas semelhanças assim esquisitas".

Assim o assunto *semelhanças* tem início. A seqüência vem no capítulo "As imitações de Ezequiel". Um só "defeitozinho", Bento comenta com a mulher a habilidade do menino em imitar os gestos, os modos, as atitudes.

Imita tia Justina, José Dias, até um jeito dos pés e dos olhos de Escobar...
Há que se corrigir com tempo, concordam.

É depois da morte de Escobar que o assunto vai ser problematizado, assumindo, aos poucos, o contorno de estranho. Capitu comenta um dia com o marido (p. 931): "Você já reparou que Ezequiel tem nos olhos uma expressão esquisita? [...] Só vi duas pessoas assim, um amigo de papai e o defunto Escobar. Olha, Ezequiel; olha firme, assim, vira para o lado de papai, não precisa revirar os olhos, assim, assim...

É pela mão de Capitu que Bento é levado a estabelecer a conexão que virá a torturá-lo. Em especial neste desenvolvimento do texto Machado de Assis nos oferece na construção e na trama toda a maestria de seu estilo: na narrativa, do ponto de vista do narrador, o trato com a semelhança vai tomando a direção do sentido único e fixo, tudo leva a Escobar, cada detalhe só confirma a "presença" de um no outro. Do outro lado, simultaneamente e também pela voz do narrador, apresentam-se aqui e ali todas as pequenas observações que desautorizariam a convicção de Bento, mas que ele não pode enxergar, tão obcecado com esse duplo que escolhe encontrar para usurpar seu lugar de pai, e de homem no desejo de sua mulher.

A ambigüidade tem seu desenvolvimento maior. Se José Dias fosse vivo, Bento diz (p. 931), "acharia nele minha própria pessoa". Acontece que José Dias ao mesmo tempo nos é apresentado, desde o início do livro, como alguém não confiável, o agregado da família que, pelo lugar que ocupa, movimenta-se sempre pela contingência das conveniências.

Tia Justina pede para rever Ezequiel quando este retorna da Europa, poderia ser aí um outro momento de dar provas ao leitor de que suas fantasias correspondem (ou não) à realidade. Bento trata de evitar essa visita, até o falecimento da tia. E fica-se com a dúvida, pois o fato de Capitu mesma levantar a questão da semelhança não serve para alimentar a dúvida de uma possível inocência.

Bento pega o que lhe impõe o ciúme e joga o resto fora. Capitu havia salientado a semelhança do filho lembrando dois homens, um dos quais Bento descarta imediatamente – o amigo do pai – para manter a exclusividade (p. 931): "Aproximei-me de Ezequiel, achei que Capitu tinha razão; eram os olhos de Escobar". Aposta até o fim nessa duplicação identificada. A perplexidade de Capitu, desde então, só conta como um olhar de platéia, excluído da possibilidade de qualquer palavra que faça diferença. Ela já foi cortada da cena. Como o é Desdêmona na trama armada por Iago; Otelo não vê mais nada a não ser a mulher e o amigo traidor.

A partir daí, o que se apresenta como semelhança passa a vir diretamente associado com o morto, é uma identificação que vem como se "desde a tumba" (p. 932). Dos olhos de Ezequiel vai ressurgindo Escobar.

> Nem só os olhos, mas as restantes feições, a cara, o corpo, a pessoa inteira iam apurando-se com o tempo. Eram como um debuxo primitivo que o artista vai enchendo e colorindo aos poucos, e a figura entra a ver, sorrir, palpitar, falar quase, até que a família pendura o quadro na parede, em memória do que foi e já não pode ser. Aqui podia ser e era. [...] Escobar vinha assim surgindo da sepultura, do seminário e do Flamengo para sentar-se comigo à mesa, receber-me na escada, beijar-me no gabinete de manhã, ou pedir-me à noite a benção do costume.

Lacan (1997) aponta para a figura de um *hóspede* que surge de repente, com relação à angústia. Ele vem desenvolvendo a questão do enquadramento da angústia, como ela surge, se a angústia seria relativa a um tempo de espera, de um estado de alerta, como uma resposta de defesa a algo que vai acontecer; termina por dizer que a angústia é outra coisa, e que, se a espera tem sua importância nesse enquadramento, a angústia é quando surge, quando aparece nesse contexto (p. 83), "aquilo que já estava muito mais perto, em casa, *Heim*, o hóspede, dirão vocês".

Ele segue dizendo que esse hóspede que surge inopinadamente tem tudo a ver com o que se encontra no *unheimlich*, mas que designá-lo assim é muito pouco. Ressalta que o termo em francês hóspede (*hôte*), em seu sentido corrente, é já alguém bem trabalhado pela espera. "Este hóspede é o que já havia passado no hostil (*hostile*)...". "Este hóspede, no sentido comum, não é o *heimlich*, não é o habitante da casa, é o hostil apaziguado, abrandado, admitido. O que é *heim*, o que é *Geheimnis*, nunca passou por estes rodeios...". Nunca passou pelas redes, pelas peneiras do reconhecimento, diz Lacan (p. 83), ele permaneceu *unheimlich*, "menos *inabitável* que *inabitante*, menos *inabitual* que *inabitado*. Esse surgimento do *heimlich* no quadro é que é o fenômeno da angústia, e é por isso que é falso dizer que a angústia é sem objeto".

Machado de Assis nos faz bem ter a noção dessa dimensão do cerco que se fecha com a chegada do hóspede (pp. 942-3): "Eu, posto que a idéia da paternidade do outro me estivesse já familiar, não gostava da ressurreição. Às vezes, fechava os olhos para não ver gestos nem nada, mas o diabrete falava e ria, e o defunto falava e ria por ele".

E quanto mais Escobar ressurge, sendo sempre ressaltado nesse aparecimento algo da vida, da alegria, do acolhimento e da satisfação do encontro (afinal, é um menino, depois um rapaz no entusiasmo dos encontros e das descobertas, como Bentinho o era), mais Bento vai virando uma sombra, deixando-se perder a vida, abrindo mão das relações, passando aos pensamentos de morte para consigo, para com Capitu e Ezequiel, o hostil e o agressivo sem disfarces. No "par maléfico" que reúne o eu a um outro fantasmático o real não fica situado do lado do eu, e sim colocado do lado do fantasma. Interessante efeito de torção dos lugares, pois não é o outro que duplica a mim, mas sim eu que sou o duplo do outro, observa Rosset (1998). O outro é quem fica com o real, e o sujeito propriamente com a sombra.

Bento *mata*, exila a mulher e o filho; quando o rapaz retorna, moço, oscila entre o amor por ele e o voto de morte. Quando Ezequiel morre no exterior, enviam a Bento o dinheiro do filho, seus pertences, a conta do funeral, ao que nosso narrador comenta (p. 943): "pagaria o triplo para não vê-lo".

Seguindo o desenvolvimento de Rosset sobre o eu e a sombra, há um apontamento para um cuidado: o pior erro a ser cometido para quem se considera perseguido por um duplo, mas que é, na verdade, o original que ele próprio duplica, é o de tentar matar o seu *duplo* (pp. 78, 79).

> Matando-o, matará ele próprio, ou melhor, aquele que desesperadamente tentava ser, como diz muito bem Edgar Poe no final de William Wilson, quando o único (aparentemente o duplo de Wilson) sucumbiu aos golpes de seu duplo (que é o próprio narrador): "Venceste e eu sucumbo, mas, de agora em diante, também estás morto. Morto para o mundo, para o céu, para a esperança! Existias em mim, e agora que morro, vê nessa imagem que é a tua como mataste na verdade a ti mesmo".

A pintura mal disfarça o corpo da autópsia.

2.6. Uma observação a mais: por onde Machado de Assis nos ensina, ou a obliqüidade no olhar

Como é que no olhar se articula a questão do desejo?

Um dos pontos de virada do romance *Dom Casmurro* é esse momento forte, quando Bento vê Capitu olhando fixamente para Escobar morto. Um olhar de plenitude, parecendo a Bentinho um olhar que diz tudo.

Podemos evocar o *olhar amargo* das *Confissões* de Santo Agostinho no relato do menino que olha com inveja o irmão sendo amamentado pela mãe, lívido de raiva.

A inveja pode ser dita como um dos momentos constitutivos do desejo, nesse sentido do seio como objeto que se perde, e que faz a criança experimentar ao mesmo tempo a miragem de completude – o irmão no seio da mãe – quando a criança seria então esse falo/miragem; e a falta, a falta do objeto perdido (que é ao mesmo tempo o seio enquanto perdido; mas também ele mesmo, o menino, perdido de ser o falo imaginário da mãe). A falta que engendra o desejo.

Bento e Escobar estão, em alguma medida, compartilhando desse fraterno, de uma forte identificação, já referida anteriormente, ao que poderíamos acrescentar os amores de Escobar para com Dona Glória, apontados em um momento ou outro do texto, seu encantamento para com essa figura da mãe de Bentinho.

O olhar que Bento supõe ver Capitu endereçando ao morto pode nos evocar algo dessa plenitude que ao mesmo tempo é mortífera, é uma miragem que talvez permitisse a irrupção do *estranho*, à diferença do olhar quando é lançado *mais de lado*, oblíquo. "Olhos de cigana oblíqua e dissimulada". Talvez nisso Machado de Assis nos leve a considerar algo inestimável com relação ao olhar de desejo: o *oblíquo* como um traço do olhar de desejo.

Retomemos brevemente o desenvolvimento proposto por J. Bergès e G. Balbo (2001) no que concerne à sublimação e à constituição do desejo no olhar da mãe para com a criança. Os autores (p. 38) trazem a respeito do termo "sublime" a referência do dicionário de Rey:

– *sub liminis*: elevado, grande. Na alquimia: fazer passar do estado sólido para o gasoso.

– *Sub*: de baixo para cima. *Liminis* ou *limus*: adjetivo "oblíquo, em se falando do olho e do olhar (1400)".

O termo *Vorstellungreprasentanz*, que salienta que Lacan insiste nisso em que consiste a representação da representação. Não há acesso direto entre realidade e representação, é preciso sempre uma mediação (pondo em jogo os ideais, as identificações) de um representante. "É o representante que faz com que a representação ideal fosse, de fato, a que correspondesse à realidade" (p. 38).

Posteriormente Bergès e Balbo (2001) fazem referência aos trabalhos de Leonardo da Vinci e aos trabalhos de perspectiva em curso, em seu tempo. Sem a mediação, o mundo seria representado, tomado em um espelho, ou seja, sem nenhuma perspectiva. O representante, então, impede o que seria uma imagem exata da realidade. Há algo que indica que as coisas não podem ser representadas diretamente.

Balbo nos diz que, em Leonardo da Vinci, a obra que ele faz é o representante, sendo que Leonardo acreditava que sua obra era exatamente a realidade que ele colocava no quadro. Segue, introduzindo a questão do significante; pergunta-se se não é justamente pela obliqüidade do olhar materno que a criança encontra acesso a esse significante.

O que nos importa aqui é justamente que o significante, a possibilidade de deslocamento, de metonímia, imbrica-se nas condições de surgimento da condição desejante. Essa obliqüidade do olhar tem a ver, assim, com um tempo constitutivo do desejo. Faltando a obliqüidade, a representação não seria correspondente à realidade. "Em outros termos, para uma criança, é essencial que esse olhar oblíquo da mãe possa introduzi-la em uma realidade que seja outra coisa que não uma representação, que ela introduza significante" (Bergès e Balbo, 2001, p. 40).

Há certas mães, segundo Bergès, que, em relação ao corpo de seu filho, não olhariam obliquamente, mas sim diretamente, procurando então "adivinhar" o que se passa ali. De outra maneira, um olhar oblíquo, o que ele vai permitir é algo como uma "leitura", relaciona-se aqui um olhar em alguma medida "sublime", na relação com o oblíquo. O olhar sublime (p. 41)

> [...] é um olhar que faz jogar as sombras, as diferenças e, de imediato, torna possível uma certa leitura daquilo que se passa no corpo da criança.

Esse significante, com efeito, tem a ver com a leitura e não a simples inscrição, como se fosse um objeto real ou algo da ordem de um prolongamento de seu próprio corpo, como se fosse um objeto imaginário...

"O recalcamento do sexual obriga à obliqüidade" (p. 44); se uma frase não é sexualizada, ela não se coloca sujeita à falha, não produz conseqüência. As obliqüidades, salientam os autores (p. 41), apontam a possibilidade da teoria, sendo que uma teoria parece ser sempre oblíqua, "jamais direta nem convincente. É preciso *de*-monstrá-la: mostrá-la é direto; o *de*-monstrar consiste em se colocar de lado, em utilizar um olhar sublime...".

Assim, mesmo a demonstração implicaria, conceitualmente, uma obliqüidade; a obliqüidade poderia ser referida a uma função angular, diferente de um afastamento, segue Balbo, pois um afastamento seria apenas um funcionamento.

O trabalho do significante permite surgir o campo do equívoco, da possibilidade das associações, mesmo das teorias sobre o sexual na infância. Isso falha sempre porque disso se fala:

> O que você quer? O que é? Conte-me, etc. A isso Freud chama de questão incessante. Essa questão não seria a reiteração de um trabalho do significante para criar uma obliqüidade, para fazer com que o próprio discurso seja sublime, para que isso não vá diretamente e para que a cada questão ele espera uma resposta diferente? Em lugar de dizer "a questão que faço não é nunca aquela que eu faço" pode-se dizer "cada vez que faço a questão, espero uma resposta diferente" (Balbo, Bergès, 2001, p. 42).

A discussão segue, no texto, apontando sua pertinência com relação à própria clínica psicanalítica, com a observação de que a regra da associação livre, para o analisante, pode ser a proposta que se faz ao sujeito de *obliquar* em seu discurso, desde o início, obrigando o analisante a ser, de alguma forma, *sublime* em seu discurso, ou seja , a (p. 43) "obliquar e a fazer alquimia com esse sistema. [...] O equívoco é uma resposta oblíqua, consiste em mirar um pouco para o lado".

O texto conclui com a proposição de que as teorias sexuais das crianças estariam na origem do que faz com que as crianças formulem todo o tempo, pelo trabalho do significante, os desvios, os ângulos, pelas suas interrogações. Assim, a teoria sexual infantil seria ela mesma participante do que podemos chamar de obliqüidade. As teorias sexuais infantis, a sublimação, a questão do desejo e, talvez, o próprio acesso ao inconsciente.

Lacan (1999), ao tratar da formação do inconsciente, trabalha sobre as tiradas espirituosas, os chistes, diferenciando-os do âmbito do cômico. Parte das reflexões de Freud sobre o tema para afirmar que o cômico inscreve-se na dimensão do dual, diferentemente do chiste. O chiste estaria ligado a uma instância terceira. É preciso o Outro para que exista a tirada espirituosa, diferenciando-se de um simples lapso, por exemplo. Lacan afirma que a tirada espirituosa funda-se no fato de que a mensagem é produzida em um certo nível da produção significante, diferenciando-se do código, e que por essa distinção ganha um valor de mensagem. "O Outro rebate a bola, alinha a mensagem no código como tirada espirituosa. Ele diz no código: *Isto é uma tirada espirituosa*. Quando ninguém faz isto, não há tirada espirituosa" (p. 28).

Por mais que queiramos situar a essência da tirada espirituosa, ela só se produz (p. 29), "ela designa, e sempre de lado, aquilo que só é visto quando se olha para outro lugar".

Não estamos aqui, mais uma vez, com relação a esse *olhar de lado* da obliqüidade?

> [...] por razões profundas, que se prendem à natureza mesma daquilo de que se trata no *Witz*, é precisamente ao olharmos para isso que veremos com mais certeza aquilo que não está totalmente ali, aquilo que está de lado, e que é o inconsciente. O inconsciente, justamente, só se esclarece e só se entrega quando o olhamos meio de lado (p. 25).

Se lembramos o mito de Perseu e Medusa, temos a indicação de que se o herói olhasse para a górgona diretamente, assim como todos os outros, sucumbiria, transformado em pedra. Seria o olhar de frente o que convocaria, de alguma maneira, o *estranho*. Esse olhar sem mediação, que pode produzir a irrupção do real no imaginário. Para enfrentá-la ele precisa de *um olhar de lado*, vê a imagem refletida, então tem algo do especular, mas é ao mesmo tempo angulado, o que lhe permite salvar-se.

Em *Dom Casmurro* há momentos em que Bento Santiago olha sem poder angular, é o estranho, assim como existe um tempo em que o desejo abre passagem via os olhares oblíquos.

Machado de Assis nos brinda com esse achado extraordinário do *oblíquo* em movimento, nos ensina com seu texto algo de um movimento extremamente sutil e nodal da subjetividade.

3.
Forma – constelações em *Dom Casmurro*

> A cada obra sua forma.
> *Balzac*

3.1. O pensamento não se dissocia da linguagem que ela inventa para se pensar

Afirma Jean Rousset (1998) que em toda a obra viva o pensamento não se dissocia da linguagem que ela inventa para se pensar, a experiência se institui e se desenvolve através das formas. Mas se pergunta: como tocá-la, reconhecê-la?

Para tentar responder à sua indagação, diz que a forma não é uma superfície nem um continente, nem mesmo a técnica ou a arte da composição. Não é redutível à pesquisa da forma, nem ao equilíbrio das partes, ou à beleza das passagens, a um plano ou esquema, ou mesmo a um corpo de procedimentos. Tem relação com um princípio ativo de revelações e aparições, desborde de regras e de artifícios. A forma está em tudo, "toda obra é forma, na medida em que é obra". Há uma forma de Montaigne e uma de Breton, nos diz, há uma forma do sonho íntimo, da explosão lírica, do informe, da vontade iconoclasta. "E o artista que pretende ir além das formas o fará pelas formas – se ele é artista. 'A cada obra sua forma', a palavra de Balzac toma aqui todo seu sentido" (Rousset, 1998, p. 11).

Como pensar a forma pela qual *Dom Casmurro* se escreve? Talvez essa seja a interrogação que permita tocar algo que tenha relação com a *forma* de Machado de Assis ser tomado na linguagem, com seu estilo, com a singularidade de sua escrita. Em que tempo e quadro discursivo o "narrador incerto" de Machado de Assis vem a se produzir? Como a narrativa ficcional de memórias machadiana interroga o nosso tempo? Vamos esboçar algumas vias de leitura, visando reunir elementos que possam ao menos situar o âmbito da discussão.

Segundo Luís Augusto Fischer (1998), Machado de Assis escreveu tendo a clara noção do que, em seu tempo, poderia se chamar "a crise da representação" e acrescenta:

> Machado escreveu sua obra, principalmente (mas não exclusivamente) depois de *Memórias póstumas de Brás Cubas* e de *Papéis avulsos,* com a consciência de que não havia mais qualquer segurança em relação ao método de composição literária, particularmente narrativa. [...] Acabara o tempo, portanto, em que a posição da voz enunciadora do relato podia manter-se em posição serena, inquestionada, a partir da qual todo um mundo era criado (pp. 160-161).

3.2. Machado de Assis e o Realismo de seu tempo

Machado de Assis, no ensaio crítico "Eça de Queiroz: *O primo Basílio*", publicado em *O Cruzeiro*, abril de 1878, posiciona-se de forma franca e dura sobre uma das vertentes da narrativa de seu tempo. À parte de declarar sua admiração pelo talento de Eça de Queiroz, diz logo que este é discípulo fiel do realismo propagado por Émile Zola e que seu livro anterior é imitação do romance do mestre francês. Atribui a Eça de Queiroz a inauguração, em nossa língua, de um realismo implacável, que termina por levar à obscuridade e à puerilidade. Sua crítica é dirigida principalmente a dois pontos. O primeiro, à prática minuciosa do inventário, da tentativa de reprodução fotográfica da realidade (p. 904): "a nova poética é isto, e só chegará à perfeição no dia em que nos disser o número exato dos fios de que se compõe um lenço de cambraia ou um esfregão de cozinha".

Por que engrandecer o acessório e abafar o principal? É a pergunta que o bruxo do Cosme Velho se faz. Posteriormente, indica o efeito de admiração que pode convocar um autor que, no exercício da fidelidade (tanto à realidade quanto à filiação, podemos pensar), não esquece nada, não esconde nada.

O problemático do não esquecimento ou da não ocultação, podemos concluir com o autor, é o quanto isto pode convidar o leitor a uma lógica da equivalência generalizada.

O principal aspecto apontado parece-nos remeter ao segundo ponto da crítica, referente à construção dos personagens. Machado reclama do fato de eles funcionarem, apenas, no livro, como *títeres*, ele diz. O drama se estabelece no texto literário, segundo ele, colocando-se nas paixões, na situação moral dos personagens, o que não encontra em *O primo Basílio*. Refere-se à personagem Luísa como podendo ter músculos ou nervos, mas (p. 905) "não lhe peçam paixões nem remorsos; menos ainda consciência".

A personagem do romance de Eça de Queiroz é criticada como sendo absolutamente desprovida de uma lógica humana, verdadeira, o que o exaspera (pp. 906-7): "Para que Luísa me atraia e me prenda, é preciso que as tribulações que a afligem venham dela mesma; seja uma rebelde ou uma arrependida; tenha remorsos ou imprecações, mas, por Deus! Dê-me a sua pessoa moral".

É como se o personagem estivesse ali para compor o cenário onde o que conta, segundo Machado de Assis, é a afirmação da escola, como se o escritor português pudesse declarar não ter se ocupado de qualquer tipo de lição moral ou social em seu livro, tendo querido apenas formular a hipótese do realismo, postulada como a verdadeira forma de arte e a única própria de seu tempo. Não entraremos aqui no detalhe da obra de Eça de Queiroz, apenas queremos destacar o quanto a questão da forma e a polêmica que lhe concerne não passa sem conseqüência para Machado de Assis e sua produção.

Ele acredita que Eça de Queiroz queira estabelecer um realismo intenso e com isso carregue nas tintas (o que o assusta); pondera que o autor poderia não exagerar tanto nas cores nem marcar tanto as linhas, uma vez que o próprio "chefe da escola" (Zola) aponta que o perigo do movimento realista consiste em supor que "o traço grosso é o traço exato".

Machado conclui com o alerta aos jovens escritores de língua portuguesa, no sentido de não se deixarem seduzir "por uma doutrina caduca, embora no verdor dos anos". É categórico: se o autor de *O primo Basílio* segue escrevendo nessa linha, adverte, o Realismo na nossa língua será estrangulado no berço.

3.3. Leituras – o debate atual

A discussão segue em nosso tempo. Richard Graham e colaboradores (1999) questionam: Machado de Assis foi um crítico do Realismo ou alguém que estendeu sua riqueza e aprofundou seu potencial? Há na crítica literária quem aponte Machado como trazendo os índices do Modernismo, afirma Graham, referindo-se à relação com o narrador enganoso, sua memória seletiva, o uso de inúmeras digressões, a narrativa fragmentada que vai perto de uma sofisticada aproximação da estrutura dos textos mais recentes, muitas vezes situando Machado de Assis na relação com um anti-Realismo. Há autores que vão mais longe, aproximando o texto machadiano do fantástico, onde sua visão da sociedade como "uma casa de loucos" o identificaria com os autores latino-americanos dos anos sessenta.

Gledson (1999) apresenta *Dom Casmurro* como sendo ainda o trabalho mais polêmico da literatura brasileira, e, segundo Tony Turner (na introdução ao autor na versão de língua inglesa), "um dos mais impressionantes casos de um narrador inconfiável na ficção moderna". Mesmo assim, argumenta que o romance inscreve-se em uma linhagem de sucessão e continuidade da tradição do Realismo do século XIX, onde o ceticismo marca o *fin-de-siècle*. "Todas as crenças se confundem neste fim de século sem elas", cita Machado.

Gledson ressalta em *Dom Casmurro* os diversos momentos em que o leitor é chamado a ler nas entrelinhas e interrogar a posição de Bento Santiago. É impossível dizer como as *pistas*, os pontos de abertura ao longo do texto irão resultar de leitor para leitor. Os indícios, momentos de ambivalência são inúmeros; Gledson pergunta (p. 8): "Mas isto significa que todas as leituras são igualmente permissíveis?". Responde evocando as expressões "con su pan que lo coma", ou "make your own bed and lie in it", querendo dizer que o leitor tem sua liberdade, mas que "neste livro, como na vida, há um preço a pagar" pela posição que se escolhe.

Marca, em sua leitura, que para Machado de Assis a questão da veracidade ou não dos fatos, da traição, no caso, era o que menos contava. Concorda com Antonio Cândido ao ressaltar que é o efeito da convicção de Bento, fosse a traição de Capitu imaginária ou real, que produz a desarticulação de sua vida, e não o fato, mesmo que fosse o fato ficcional.

Destaca, entre outros pontos, a cuidadosa evitação de uma clareza demasiada, deixando em aberto uma das hipóteses – seria essa evitação parte do movimento em direção à grande sutileza e aos jogos de claro-escuro como a crítica admira no conto "Missa do Galo"? Poderia ser, diz ele, mas isso também poderia indicar o próprio lugar de Bentinho e de Bento, muito menos consciente dos conflitos de interesses que envolviam a casa dos Santiago, menos capaz de dar conta dessas questões do que Capitu.

Gledson traz como ponto crucial o fato de que Bento é cuidadosamente construído tanto como narrador quanto como personagem, sendo sua forma de narrar um dos traços do personagem, possivelmente o de maior complexidade (p. 12): "A criação de Bento por Machado não é um abandono do Realismo, mas uma ousada extensão deste, na qual a linguagem do personagem, sua manipulação da trama e da narrativa neste livro *ele* escreve, e tudo sobre ele aponta o tipo de homem que ele é[1].

Em torno dessa questão comenta a crítica de Machado de Assis ao *Primo Basílio* (como tendo sido o seu escrito crítico mais importante) para dizer que, à diferença de Eça de Queiroz, Machado, com seu narrador, ficava absolutamente fora da necessidade de descrever o mundo ou as atitudes desde um *exterior* (o exemplo comentado é o da expressão da *gravidez bestial* da carvoeira, ao que Machado interroga – por que bestial? Como marca de um olhar desde o exterior, ao modo do Naturalismo).

Gledson permanece no argumento de que o narrador inconfiável; a disposição de jogar com a estrutura do romance, as digressões, a ênfase na memória encontram-se antecipados em *Dom Casmurro*, enquanto forma,

---

[1] Machado's creation of Bento is not an abandonment of Realism, but a daring extension of it, witch the character's language, his manipulation of the plot and the narration in the book he writes, and everything about him point back to the kind of man he is.

mas que ainda assim prefere considerar não uma destruição, mas uma ousadia, um exercício de ampliar as fronteiras e capacidades do Realismo.

João Adolfo Hansen (1999) introduz algumas questões no debate. Chama a atenção para o fato de que as técnicas e condições materiais, os meios de existência do trabalho são levados em conta em Machado, como elemento que determina a forma de seu escrito. A organização dos capítulos de *Dom Casmurro* é relacionada ao ritmo do novo, de um mundo multifacetado, rápido, incluindo a pressa do leitor, da informação, da imprensa. A ficção já não é mais publicada em capítulos, como em 1840 ou 1850 (diários, semanais ou até mensais), e a presença do "livro-objeto" é incluída na escrita de Machado de Assis, segundo Hansen, como um elemento constitutivo (p. 28): "Nervosa e viva, esta forma dispensa o didatismo onisciente dos Românticos, com seu senso de missão...".

Machado faz a coexistência, em seu texto, de formas extremamente novas com as da cultura da colônia, com os arcaísmos; aponta, como os ditos morais, os provérbios, que no tempo de Machado são já (p. 28) "[...] as ruínas restantes de um mundo pré-moderno baseado nas relações pessoais [...]. Ruínas de um tempo morto, elas também servem à forma, ela mesma alegórica, da ruína figurada, dali para a frente, pela escrita de Dom Casmurro".

Podemos ler nesta passagem de Hansen algo da abordagem da modernidade em Walter Benjamin, a questão das ruínas, e mesmo pensar na contemporaneidade com o Freud que trabalha na hipótese do declínio da função paterna.

O autor segue, destacando que *Dom Casmurro* trabalha em uma certa disfunção, o narrador produzindo uma "indeterminação literária", um trabalho que inclusive dramatiza o leitor, impedindo uma leitura que se propusesse como reconhecimento, reprodução da realidade (p. 29): "a ficção recusa colaborar em produzir uma unidade de sentido ou de similaridade com o externo".

Ao mesmo tempo, Hansen afirma, há realismo em Machado de Assis, desde um ponto de vista particular: pela figuração, justamente, da irrepresentável modernidade das forças contraditórias no que ele chama (p. 33) a "fantasia alegórica do autor. A estrutura de sua múltipla ação é posta em cena, como uma deformação e ausência de unidade. Diferente do realismo de seu tempo...". Neste caso, posiciona o realismo de Machado como a recusa de fixar o princípio unívoco, causa-efeito das ações, unidade do real, conciliação entre sujeito e objeto ou correspondência entre significante e significado.

Paradoxo: ao desfazer os critérios de univocidade, fossem eles raça, clima hereditariedade, progresso, liberdade, etc, o realismo surge, segundo o autor, da indeterminação, da colocação em jogo das contradições, do jogo de forças.

Sobre a memória – Hansen dá especial atenção à problemática em *Dom Casmurro*, de onde retemos pelo menos uma questão (p. 40): "A não-memória do suposto autor é, no fim, um sentido alegórico para a construção do romance como o esvaziamento (*emptying-out*) da representação". Voltamos à obliqüidade (como a dos olhos de ressaca) (p. 42): "Obliquamente, a alegoria alude ao interminável do não-ser da ficção, uma metáfora da moderna irrepresentabilidade".

Não seria justamente o elemento da memória em *Dom Casmurro* uma das vias da colocação em jogo dessa forma moderna em sua relação com a representação?

3.4. Constelações em *Dom Casmurro*

A leitura do texto de Roberto Schwarz e a relação que este estabelece com a produção de Walter Benjamin pode ser interessante para pensarmos a questão da memória na narrativa ficcional.

Schwarz (1997) desenvolve grande parte de sua análise sobre *Dom Casmurro* no texto "A poesia envenenada de *Dom Casmurro*". De seu trabalho gostaríamos, no entanto, de destacar, de início, algo que é trazido em outro momento, não especificamente sobre Machado de Assis, mas que introduz um elemento que pode ser tomado como subjacente à sua leitura desta obra machadiana. Trata-se da referência que faz às *constelações* benjaminianas. Vamos nos aproximar destas formulações nas palavras de Schwarz, em Benjamin e na leitura de *Dom Casmurro*. Schwarz traz essa referência mais direta quando, em *Seqüências brasileiras*, analisa o trabalho de Antonio Candido sobre o livro *O cortiço*, de Aluízio Azevedo, e comenta, a respeito das relações entre a literatura e o social, o fato de que não se trata de que a literatura independa da sociedade, mas sim de que as conexões que a literatura pode propor considerando o mesmo social não são as ligações previsíveis do senso comum da realidade, podem ser *conexões imprevistas*.

O extraliterário pode ter a ver com uma posição que comande o enfoque da obra, lembrando que isto é muito diferente do que comandar a obra inteira. A questão não é a de ajustar a obra a um esquema sociológico preestabelecido, mas fica a interrogação de por onde, então, pensar a relação entre estas estruturas que são heterogêneas, o social e a obra literária.

Neste ponto de seu desenvolvimento vem a indicação que nos pareceu interessante: quando Schwarz (1999) afirma que o trabalho não é o de redução de uma estrutura à outra, mas sim o de poder realizar a reflexão histórica sobre a constelação que elas formam. Diz (p. 28): "Estamos na linha estereoscópica de Walter Benjamin, com sua acuidade, por exemplo, para a importância do mecanismo de mercado para a compleição da poesia de Baudelaire". Nessa direção, as "constelações" propostas por Benjamin aparecem como possibilidades de articulações não redutoras, que permitem o cruzamento de diferentes aportes sem que tenham que ser necessariamente substitutivas.

Schwarz está tentando dar conta da inclusão do elemento extraliterário na obra, mas desde um ponto de vista que visa a estrutura, e não o conteúdo. Tanto é que afirma o progresso da crítica no séc. XX (se houve, ele ressalta) ligado ao que chama a "descoberta" da complexidade interna da literatura, da natureza, do papel decisivo da forma (na diferença com o conteudismo). Não se confunda sua posição com um elogio aos formalismos; na sua opinião, os formalistas confinaram a forma, vendo nela um traço distintivo e privilegiado, algo inexistente no campo extra-artístico, produzindo como que uma celebração auto referente.

A forma que interessa a Schwarz, visando a questão do ponto de vista narrativo, é aquela que inclui a dimensão do social do ponto de vista da história (p. 31): "a compreensão da substância prático-histórica do vínculo dá outra realidade aos estudos da posição do narrador".

Neste sentido, a forma inclui o trabalho de definição do emissor latente de um chiste, seu significado social, o reconhecimento de sua presença. O exemplo que Schwarz aponta é o enfoque narrativo, "alimentado e disciplinado pelo complexo de finalidades da elite brasileira do séc. XIX". Não cita diretamente, mas é evidente que o exemplo é extensivo à leitura que faz da posição do narrador em *Dom Casmurro*, em especial na relação com aspectos da configuração do romance que existem em ato, mas sem estarem ditos: são elementos que adquirem função crítica e valor mimético em relação ao contexto, algo como que um decalque inconsciente.

Talvez a própria mímesis, Schwarz não situa, mas podemos pensar que seja considerável na perspectiva benjaminiana, não como imitação, e sim com essa propriedade dos elementos semelhantes, "impenetravelmente semelhantes" como os elementos do sonho, observação que Benjamin faz no texto "A imagem de Proust", o que permite transitar na direção da criação ficcional, já que estamos pensando, por exemplo, na posição de um narrador como o de *Dom Casmurro*.

Para Schwarz, no recorrido que situamos, trata-se de ressaltar um primado da forma análogo à idéia de processo; o trabalho com os cruzamentos, as dissonâncias reveladoras, cujas relações com a história devem ser interpretadas, mais do que uma harmonia ou elementos identitários; o complexo altamente heterogêneo, nas suas palavras, de experiências sobre o qual o romancista trabalha; o que surge a partir da crítica: "formulações originais pela conjunção crítica inédita que articularam".

Vamos ficar com esses elementos para serem retomados: as conexões imprevistas, inéditas, a noção de "constelação" em Benjamin, apenas indicada, até aqui, com vistas a pensar alguns elementos relativos à posição do narrador em *Dom Casmurro*. Podemos destacar – apesar de já ter sido citado antes –, na seqüência, alguns indicadores da leitura de "A poesia envenenada de Dom Casmurro" que situam o narrador do romance machadiano como marcando um novo momento na narrativa de seu tempo (p. 12):

> Assim, depois de encantar várias gerações, o lirismo do Casmurro começa a mostrar aspectos dúbios, para não dizer odiosos – com grande vantagem para o romance... Raciocínios truncados, precisões que se diriam supérfluas, interpretações descabidas, fórmulas anódinas em excesso, procedimentos artísticos arbitrários, tudo isso adquire relevo novo, dando um depoimento inesperado sobre o narrador.

Bento Santiago, o Bentinho, ele mesmo Dom Casmurro, deixa de ser lido como o narrador acima de qualquer suspeita. Sua voz já não vale como autoridade. A leitura do romance ao longo das gerações vai possibilitando outros olhares, como o de Helen Caldwell, 1960, primeira a levantar a hipótese de que os ciúmes e as acusações de Bento a Capitu eram infundados.

Schwarz traz uma série de observações que indicaremos de forma breve:

Dom Casmurro evoca, por lados diferentes, o romance policial e a psicanálise, que estavam surgindo, eram contemporâneos; a posição do narrador funciona como um auge de duplicidade, seu estatuto de exceção vacila, aparece a falta de isenção de sua posição de enunciação; o narrador é trazido ao universo dos demais personagens, conflituoso, parcial; o drama se problematiza na figura do narrador, o conflito de interesses vem ao primeiro plano, onde as relações sociais aparecem em seu confronto.

Ao propor um narrador unilateral, Machado se inscreve na série dos romancistas inovadores, alinhado com "os espíritos adiantados da Europa, que sabiam que toda representação comporta um elemento de vontade ou interesse, o dado oculto a examinar, o indício da crise da civilização burguesa" (p. 13).

As conseqüências da nova técnica que aparece na obra do romancista se fazem marcar também quanto ao contexto local e nacional. O narrador bem credenciado, mas em descrédito, supera as certezas características do tempo da consolidação da nacionalidade, já não se trata mais da missão de construção da nação via literatura.

Quando pela primeira vez na literatura brasileira, com Machado de Assis, a inteligência da forma junto com as idéias modernas se apresentam, os recursos que circundam a figura de Bento Santiago já não servem para representar um avanço civilizatório em termos de Brasil, mas o recobrimento que sustenta a opressão de classes.

Se para Schwarz (p. 35) *Dom Casmurro* é "um enorme trocadilho socialmente pautado", onde as faces do narrador só se sustentam por uma equivocidade permanente, o que traz a proposta extremamente ousada de Machado de Assis, sua difícil construção narrativa, talvez também aí possamos pensar na relação com as constelações, ampliando sua abrangência.

Quando Schwarz põe em pauta a questão das constelações à moda de Benjamin, como já referimos anteriormente, sua preocupação está regida pela tarefa de dar conta das relações entre o extraliterário e a obra. Refere-se às observações que Benjamin faz a respeito da pertinência, em Baudelaire, do lugar do mercado e da mercadoria como indício da modernidade, elemento que vai ser tramado, então, ao seu fazer poético.

O que penso podermos propor é levar mais adiante a consideração dessas constelações dentro da própria estrutura de uma narrativa ficcional de memórias, que é o contexto narrativo de *Dom Casmurro*.

Afinal, de que se trata quando pomos em questão essa estrutura de constelação, segundo Walter Benjamin? A que isso se refere?

Algumas indicações sobre a noção da "constelação" em Walter Benjamin:

Para trabalhar a noção de constelação em Benjamin pode ser interessante retomarmos as indicações que Márcio Seligmann-Silva desenvolve no livro *Ler o Livro do Mundo*, no capítulo intitulado "Palavra e imagem na obra de Walter Benjamin: escritura como crítica do logos".

É ressaltado o trabalho benjaminiano na direção de tomar o método do cinema e da literatura, em uma espécie de empréstimo, para a construção de sua obra principal, *O trabalho das passagens*. Esse método é o da "montagem", com uma relação que se estende ao campo das artes, em especial ao Cubismo e ao Dadaísmo, movimentos que foram próximos ao tempo das primeiras produções de Benjamin.

O que Seligmann-Silva destaca é o profundo corte que a produção benjaminiana propõe (p. 225): "[...] ele pôs em cheque os limites entre a exposição historiográfica e a literária: desse modo ele, na verdade, implodiu a própria estrutura representacionista do conhecimento".

O contraste que aponta é o de que Benjamin vai ocupar-se de um mundo de fragmentos, de um trato do tempo que é pontual, muito mais ligado ao registro do visual, ou seja, mais perto da montagem. Ressalta a diferença entre o discursivo e o campo da imagem (p. 225), "o registro do *Sagen* (dizer) e o do *Zeigen* (mostrar)". Seligmann-Silva aponta o desdobramento dessas oposições na referência entre o narrativo e seu pólo oposto, o visual, o pictórico, observando que no *Trabalho das passagens* Benjamin não vai ocupar-se em narrar a história do século XIX, mas sim em "mostrá-la" (p. 226). Trata-se de uma exposição, "ex-posição" (p. 226), *Dar-Stellung*, termo que passa também pela significação de representação teatral, montagem; assim, o autor das *Passagens* não vai contar os grandes acontecimentos do século, seus grandes eventos, mas sim ocupar-se do fragmento, não um fragmento qualquer, mas dos resíduos, do resto, do lixo, dos fenômenos extremos da época em questão. Fenômenos organizados como uma espécie de "quadro vivo", essa seria a montagem.

Assim, Benjamin vai escolher, segundo Seligmann-Silva, uma estética do choque, e não uma estética do belo, onde a importância da imagem em sua produção vai levá-lo à formulação do conceito das imagens dialéticas (p. 228):

> Com essa teoria Benjamin não apenas fundou uma concepção forte de exposição (*Darstellung*) histórica – em oposição ao registro da re-presentação – na qual interagem palavras e imagens, como também apagou outra fronteira que tradicionalmente conduzia a escrita discursiva do historiador: a fronteira entre o agente da história e o responsável pelo seu relato. Ou seja, agora já não há mais espaço para a figura (positivista, diríamos hoje, historicista, afirmava Benjamin) do historiador como um narrador onisciente e imparcial.

Esta última observação é extremamente interessante se levada à relação com o narrador "incerto" de Dom Casmurro.

Vamos ao texto onde Benjamin situa o termo das constelações:

> Não se trata de que o passado lance a sua luz sobre o presente ou que o presente ilumine o passado. Uma imagem, ao contrário, é aquilo em que o ocorrido encontra o agora num raio, para formar uma constelação. Em outros termos: a imagem é a dialética em suspensão. Pois enquanto a relação do presente com o passado é puramente temporal, a do ocorrido com o agora é dialética: ela não de natureza temporal, mas de natureza figurativa (*bildlich*)[2]

---

[2] Il ne faut pas que le passé éclaire le present ou le présent éclaire le passé. Une image, au contraire, est ce en quoi l'autrefois encontre le Maintenant dans un éclair pour former une constellation. En d'autres termes: l'image est la dialetique à l'arret. Car,

Seligmann-Silva destaca pontos importantes dessa referência.

A constelação é a imagem resultante do cruzamento do ocorrido (*Gewesene*) com o agora (*Jetz*). Constelação seria também a forma pela qual a exposição histórica deveria acontecer. A recepção dessa imagem teria um ponto de coincidência com a sua criação. A teoria das imagens inclui a noção *visual* de constelação, mas também a possibilidade de leitura, as imagens do ocorrido encontrar-se-iam com as do agora apenas num determinado momento em que elas passariam a ser *legíveis*. Nesse ponto, o *ler* quer dizer que é somente em um momento – o do agora – que acontece a possibilidade da "formação de uma imagem- constelação" (p. 229).

Concluindo essas notas sobre o texto de Seligmann-Silva, destaco uma última passagem, que situa, condensa algo do percurso em torno do termo das constelações em Benjamin (p. 234):

> Benjamin, portanto, encampou a imagem na sua escritura por diferentes caminhos: na sua teoria das imagens dialéticas, na sua escritura repleta de imagens (cf. a nona tese "sobre o conceito da História"), na sua teoria da alegoria, dos hieróglifos e da escritura barroca, na sua escritura performática que incorpora diversos pontos de vista (muitas vezes dentro de um mesmo texto), traçando um percurso tenso, não-linear, uma constelação, ou, se preferir, um leque de perspectivas iluminando um mesmo ponto. A sua obra constitui nesse sentido um conjunto de imagens a serem lidas, interpretadas e até decifradas.

Talvez algo do *percurso tenso* nos permita desdobrar as interrogações em torno da voz do narrador machadiano, em especial no seu aspecto de *forma*, estrutura.

A noção de constelação está intimamente ligada, em Benjamin, à de história, e história/narrativa com a questão da memória. Segundo o pensador alemão, os fenômenos históricos só serão verdadeiramente salvos quan-

---

tandis que la relation de présent au passé est purement temporelle, la relation de l'autrefois avec le Maintenant est dialetique: elle n'est pas de nature temporelle, mais de nature figurative (*bildlich*) (Paris, Capitale du XIX Siècle, pp. 479-80).

do realizam uma constelação; isso tem a ver com a possibilidade de escrever, de alguma forma, um traçado que reúna essas "estrelas perdidas na imensidão do céu" (Gagnebin, p. 18).

A metáfora da constelação:

> [...] o esboço de uma ligação inédita entre dois fenômenos históricos; graças a esta ligação, dois elementos (ou mais) adquirem um novo sentido e desenham um novo objeto histórico, até aí insuspeitado, mais verdadeiro e mais consistente que a cronologia linear (um pouco como esses jogos nos quais a criança deve interligar entre eles pontos *esparsos no papel que, subitamente, revelam uma figura insuspeitada* (Gagnebin, 1994, p. 18) [grifo nosso].

Lembremos da colocação inicial sobre as conexões imprevistas, inusitadas na literatura. A noção da constelação em Benjamin pode ser relacionada com o que ele situa como *Ursprung*, origem, efeitos de origem que surgem como que "na frente", prospectivos, e não como situados no atrás insondável de uma gênese que seguisse uma leitura linear da história. Origem como efeito das novas conexões, mais ligada a uma dimensão inventiva da linguagem, à diferença do uso instrumental que dela pode ser feito. A origem, nesse sentido, não se dá por um movimento de retorno ao que seriam os fatos como eles teriam verdadeiramente acontecido (o que esbarra inevitavelmente com algo da ordem do impossível), mas só a partir de uma nova conexão entre o presente e o passado, onde o passado só retorna marcado por uma diferença consigo mesmo, inevitavelmente marcado pelo momento, tempo e quadro discursivo de sua enunciação. Nesse sentido é retorno, mas também não-fechamento, espaço de abertura de novas significações.

Não estamos aqui perto do que se pode pensar, no âmbito da criação, de uma das possibilidades formais de uma narrativa ficcional de memórias? Tal observação pauta-se na afirmação de Seligmann-Silva que ressalta terem – a arte e a literatura nos tempos atuais – como centro de gravitação o trabalho com a memória.

Retomemos o termo benjaminiano: "Articular historicamente o passado não significa conhecê-lo 'como ele de fato foi'. Significa apropriar-se de uma reminiscência, tal como ela relampeja no momento de um perigo" (Benjamin, 1994, p. 224).

Podemos destacar que os termos de "apropriação das reminiscências no momento de um perigo" nas teses benjaminianas são relativos a um uso instrumental, algo como se ver entregue, alienado como instrumento das classes dominantes (em psicanálise esse uso instrumental poderia ser dito, por exemplo, como um uso dentro das montagens da perversão).

No caso em questão – *Dom Casmurro* – essas duas vertentes – a da apropriação e a da instrumentalização – podem ainda ser desdobradas em duas posições, como em um grande jogo, onde o narrador pode blefar, realizar relativa apropriação das reminiscências (não com vistas a uma verdade libertadora, que seria a direção visada por Benjamin no fazer da memória e da história, mas a uma verdade que seja do interesse, ou do sintoma, ou das contingências do narrador) e "aguardar" o lugar no qual o leitor vai se situar, ou mesmo vai ser "instrumentalizado" (no caso, alienado à ótica do narrador).

3.5. O Panegírico de Santa Mônica

Temos constelações em *Dom Casmurro*, se for levado em consideração o trato que é dado à memória em sua construção narrativa?

Schwarz (1997, p.17) refere que Bentinho tinha ataques de ciúmes desde sempre: "Os episódios dessa natureza são diversos, e uma vez ligados entre si redefinem o caráter de quem está com a palavra, bem como o valor desta, alterando inteiramente a configuração do conflito".

Todas as características, os traços que situavam Capitu na adolescência como vivaz, apaixonada, cheia de iniciativa, inteligente, vão ser re-significados a partir da suposição de traição e caem sobre as nossas cabeças como um "como é que não vimos isso antes" se somos solidários ao narrador. É pelo menos o efeito ao qual ele nos convida pelos caminhos da identificação à sua fala.

Quando Capitu escuta a toada do pregão: Chora, menina, chora... porque não tem vintém, e pergunta a Bentinho "Se eu fosse rica, você fugia, metia-se no paquete e ia para a Europa?", Bentinho nos diz: "Como vês, Capitu aos quatorze anos, tinha já idéias atrevidas, muito menos que outras que lhe vieram depois" (p. 829). E a partir daí desenvolve a hipótese da estratégia de Capitu para alcançar os fins propostos "aos saltinhos". Aqui temos um exemplo de toda a ambigüidade da narrativa. Apresenta de um lado a ousadia, a determinação de Capitu como uma possibilidade de pensarmos – aí está alguém que vai saber encarar o que quer – e ao mesmo tempo planta a marca para a qual mais tarde podemos querer voltar já com um outro olhar: atrevimento, ousadia, transgressão. No capítulo intitulado "As curiosidades de Capitu" Bentinho refere os pedidos da menina de que ele relatasse as respostas de José Dias, as alterações dos gestos, tudo, pedia o som das palavras, era minuciosa, atenta, "tudo parecia remoer consigo", "mais mulher do que eu era homem", ele praticamente exibe Capitu ao leitor, orgulhoso dela, para depois dizer (p. 841): "Há conceitos que se devem incutir na alma do leitor, à força de repetição". Novamente dá conta de um passado que porta em si a abertura para a re-significação "instrumentalizada". Como iscas discretas, provas plantadas, para lembrar os andamentos dos filmes (ou textos) policiais. E assim com inúmeras passagens onde bem poderíamos ter a imagem de Capitu vetorizada em uma direção e ao mesmo tempo já indicando a contramão, desenhando outra figura totalmente diferente, a partir da nova articulação dos elementos.

Talvez uma das constelações mais expressivas do texto seja a que podemos chamar como a do "Panegírico de Santa Mônica". Bento Santiago declara neste capítulo que não vai contar do tempo no seminário. E segue as próximas cinqüenta páginas do livro justamente trazendo o que foi o tempo do seminário, mas desde um corte muito particular. É inevitável a analogia com o texto de Proust pelo menos em um ponto: assim como o narrador proustiano "tira" Combray – a cidade, as pessoas, os caminhos de Guermantes e de Swann, caminhos que irão orientar toda a Busca – de dentro de uma taça de chá (no instante fulgurante de um episódio comandado pela memória involuntária), podemos dizer que o narrador de *Dom Casmurro* tira o tempo do seminário de dentro das páginas do *Panegírico de Santa Mônica*. A diferença com Proust, segundo Hansen, é a de que o narrador de Machado funciona como um simulacro irônico de um narrador que inventa uma memória que lhe falta.

Após o capítulo onde Machado situa de forma magistral as relações entre memória e criação – "Convivas de boa memória" –, faz o narrador enunciar (p. 871):

Assim fiz eu ao Panegírico de Santa Mônica, e fiz mais: pus-lhe não só o que faltava da santa, mas ainda cousas que não eram dela. Viste o soneto, as meias, as ligas, o seminarista Escobar e vários outros. Vais agora ver o mais que naquele dia me foi saindo das páginas amarelas do opúsculo.

Um companheiro de seminário de Bento havia escrito, na época, um Panegírico a Santa Mônica, dedicando-o a Santo Agostinho. Já havia deixado o seminário, as letras. Casado, esquecera tudo, diz o narrador, menos o panegírico. Vinte e seis anos depois, ainda se fixava neste. "Tem agradado muito este Panegírico" (p. 865).

O panegírico em si é o que menos importa. Importa a sutileza com que o narrador situa o autor do panegírico como alguém que ficou fixado no tempo, siderado por essa produção como se ela fosse o emblema de seu lugar no mundo, sem dizer nem escutar nada que excedesse esta posição.

Schwarz refere que Bento Santiago quer fazer crer que a virada em sua vida é datada da decepção pela traição de Capitu e pela dúvida, depois certeza (não confirmada pelo próprio romance) de que Ezequiel não é seu filho, e sim filho de Escobar. Mas segue a argumentação dizendo que essa proposta do narrador não é a mais plausível. A posição de Schwarz é a de que a grande virada acontece bem antes: quando Bento deixa de ser filho e se torna marido e proprietário. É aí que Bentinho deixa de ser empurrado por Capitu, "mais mulher" do que ele homem, e passa a assumir o lugar que o espera, homem casado, pai, proprietário, ou seja, o tempo do exercício do domínio.

O que nos parece é que o corte que o narrador faz sob o nome do panegírico é justamente o da constelação dos pontos que reúnem os elementos dessa virada: deixar de ser filho.

Nesse sentido, o nome importa – Panegírico de Santa Mônica –, pode bem funcionar como ironia. Santa Mônica, como se sabe, foi a mãe de Sto. Agostinho, e se lemos em *Vita Brevis* (Gaarder) a suposta carta da amante de Aurélio Agostinho, encontramos um longo relato permeado pela queixa de Flória Emília, sua companheira por doze anos, a respeito do domínio que Mônica sempre exerceu sobre o filho (p. 91): "Ela se pôs entre nós, e foi ela quem finalmente venceu o duelo; era certamente uma mulher poderosa, com grandes ambições para ela e seu filho".

Flória lamentava que Aurélio não se tivesse deixado deslocar da posição de filho.

Quando Capitu, provocada por Bentinho, o desafia, introduz o confronto dizendo que ele será o padre a batizar seu primeiro filho. Bentinho remarca que ela fala do primeiro filho como se de uma boneca. Aí já se anuncia, nas palavras de Bentinho, um estranhamento daqueles que antecedem, preparam a questão em torno da qual ele vai girar: a de um filho de Capitu com um outro. Curioso que essa briga venha na seqüência da pergunta que ela faz a Bentinho: "Se você tivesse que escolher entre mim e sua mãe, a quem é que escolhe?".

E sabemos perfeitamente que esse tempo anterior é aquele em que Bentinho ainda estaria preso, ainda que não gostasse, àquela frase que denuncia seu lugar: "eu só gosto de mamãe". O tempo da pergunta de Capitu é o da beira da entrada no seminário (p. 853). Em seguida, temos as despedidas com o corte de um cacho dos cabelos de Bentinho para ficar de lembrança. Seus cabelos tão grandes e bonitos, cortados às vésperas do seminário. O filhinho deixa os cachos.

O soneto que Bentinho produz já é dentro do seminário, primeiras incursões solitárias, início e fim, ele só consegue escrever o primeiro verso: "Oh, flor do céu! Oh! flor cândida e pura!". A seguir escreve o último (p. 866), "Perde-se a vida, ganha-se a batalha", alterando posteriormente para (p. 867) "Ganha-se a vida, perde-se a batalha". Mas os versos intermediários não consegue compor fazendo com que aporte o humor na narrativa. De qualquer modo, é a primeira manifestação (com júbilo infantil) de que ele, Bentinho, afinal, pode parir alguma coisa. Não mais na posição de filho, mas já dentro de um esboço um pouco cômico de parentalidade, uma vez que a imagem forte ainda é justamente materna, e é com "uma mãe" que ele se identifica.

É também dentro desse quadro que Bentinho estabelece a primeira relação de paridade. No capítulo intitulado "Um seminarista" conta como Escobar veio abrindo-lhe a alma toda, uma alma cujas portas não tinham chaves nem fechaduras – filial, podemos dizer –, bastando empurrá-las para entrar. Escobar se instala, inaugura-se uma nova intimidade.

Mais um passo, Bentinho fica absolutamente tomado pela queda, na rua, da mulher das meias de seda. A visão das meias e das ligas compõe as cenas e os sonhos das fantasias sexuais que despontam e aí já não o encontram como criança, mas como alguém capaz de estabelecer as primeiras negociações (p. 870): "As visões feminis seriam de ora avante consideradas como simples encarnações dos vícios, e por isso mesmo contempláveis, como o melhor modo de temperar o caráter e aguerri-lo para os combates ásperos da vida".

Vida de que, bem ou mal, Bentinho começava a dar conta em uma posição levemente, aos poucos deslocada da anterior. Quem primeiro não agüentou a distância foi a mãe, com a febre, achando que ia morrer, recurso para chamá-lo de volta. Quando mais tarde ele deixa finalmente o seminário, sai sob essa forma, dezessete anos, "a idade em que a metade do homem e a metade do menino formam um só curioso" (p. 905).

Então a constelação, Bentinho mesmo já havia enunciado algumas de suas "estrelas" com o panegírico – soneto, meias, ligas, Escobar e outros elementos mais. Talvez possamos propor a leitura do tratamento dos dados da memória, neste caso, como sendo a organização mapeada, quase figurativa dessa transformação que não chega a achar resoluções. A constelação, saturada de tensões, segundo a terminologia de Benjamin, fica como que a imagem de uma questão em suspensão, atravessando o romance. Um nó que não se desata, pois Bento não chega nunca a concluir a operação de deslocamento da posição de filho, obstáculo ao exercício do lugar de homem e de pai.

Teríamos neste sentido um rumo de trabalho a percorrer, que deixamos brevemente esboçado. O que gostaríamos de destacar a partir das considerações levantadas é a idéia de que a metáfora das constelações na concepção benjaminiana pode ser fecunda no trabalho com o romance *Dom Casmurro*, ou mesmo, vindo pelo outro lado, que *Dom Casmurro* acaba por evocar a produção de W. Benjamin pelo jogo incessante com os efeitos retroativos de significações, combinatórias, produção de novas "origens", deslizamentos de sentido, articulações, elementos que perpassam a estrutura do texto. Parece-nos, da mesma forma, que essa metáfora é subjacente à leitura que Roberto Schwarz faz (ainda que não explícita no seu texto sobre este romance) quando trabalha a chamada fórmula narrativa ousada e de difícil execução de *Dom Casmurro*.

Pensamos que a metáfora das "constelações" tramada junto à função do narrador seja uma das vias possíveis a considerar para interrogarmos a estrutura de narrativas ficcionais de memórias.

3.6. Ruínas, restos, fragmentos

Michael Wood (2002) propõe ao leitor machadiano pensar em que consiste a mestria e a modernidade de Machado de Assis: concorda com a hipótese formulada por Hansen de que o autor faz o desdobramento, a configuração de um estilo a partir de "ruínas de um tempo morto", de restos arruinados de um tempo e de um mundo pré-moderno. "Esta não é uma busca do tempo perdido, mas um memorial de sua perda, e mesmo o memorial pode ser uma ficção". Wood retoma o ensaio de W. Benjamin falando do provérbio como sendo uma ruína que toma o lugar de uma velha história para nos dizer que Machado escreveu na sua narrativa provérbios irônicos "que sabem de seu próprio desamparo". Complementa com o dizer de que não há nada mais moderno do que uma ruína dessas e que as condições que Machado explorou e dramatizou ainda estão ativas, ou seja, produzindo efeitos: Machado é "nosso contemporâneo" porque suas interrogações se recolocam, atualizam-se em todo lugar.

> Os provérbios e ruínas que acabo de evocar – o jogo de aparência e desejo, o mundo de contingências difusas – tem domicílio no Brasil de Machado, mas também topamos com eles em outros lugares e provavelmente não vamos parar de reencontrá-los (Wood, 2002, p. 16).

É interessante pensarmos a questão dos provérbios, lembrando a relação que o filósofo italiano Giorgio Agamben faz com o declínio da experiência, na modernidade, onde o provérbio, como índice do mundo pré-moderno, tem a ver com uma sabedoria que se decanta pelo cotidiano, ao longo do tempo. Diferente do tempo da informação e da velocidade.

Um provérbio pode soar como "velharia de uma tradição ultrapassada", como nos diz Chemama, fazendo uma relação entre a questão do provérbio e a da clínica psicanalítica. Por que o provérbio tem sido deixado de lado na literatura psicanalítica? Talvez, responde, por parecer, pela deterioração pelo uso, que ele não poderia trazer nada de novo, de surpreendente, de interessante às nossas significações. Mas aponta que, se levarmos em conta que o provérbio é o sentido no extremo de sua deterioração pelo uso, ele pode se tornar, por esta mesma razão, um significante, ou seja, estando em condições de receber todos os sentidos.

Paradoxalmente, nos diz, uma interpretação, na clínica psicanalítica, pode funcionar na esteira das expressões mais gastas, que, não alcançando um lugar bem estabelecido enquanto significação, podem estar mais dispostas ao deslizamento, à polifonia. Momentos de mudança na fala (como os de estranhamento): "O provérbio, como se viu, é uma das formas da posição do Outro da linguagem sobre o sujeito e também é, *por isso mesmo*, o caminho pelo qual cada um pode formular-se sua questão" (Chemama, 2002, p. 50). Chemama acentua este ponto por lembrar que é através da pergunta pelo desejo do Outro (o que quer de mim?) que cada um pode chegar a interrogar o seu desejo.

Os fragmentos, os restos, os detalhes podem ser tomados de formas diversas. Antonio Candido, em *A personagem de ficção*, diz dos romancistas do século XVIII: aprenderam que a noção de realidade toma força na descrição de fragmentos da realidade – uma mancha no paletó, uma verruga, um ranger de degraus... Os romancistas do século XIX, tanto os românticos quanto os naturalistas, foram os que levaram ao auge essa paixão do pormenor em suas narrativas, configurando, segundo Cândido, "uma técnica de convencer pelo exterior, pela aproximação com o aspecto da realidade observada" (2000, p. 79). Na seqüência, o psicológico pode também seguir algo do estilo, "desde o interior", com o monólogo. É sempre a relação de um traço com outro, para que se organize o contexto, aponta o autor, tomando o fragmento para compor o "todo".

À diferença de uma correspondência com a realidade, há como tomar o detalhe como traço mínimo que vem a subverter a noção de conjunto, como pontos de abertura, de obturação, de ruptura (como a experiência do estranho, na "ruptura do tecido do mundo"), assim como o efeito dos *olhos de ressaca* sobre Bentinho; a casuarina em forma de ponto de interrogação que interpela Bento Santiago, desconhecendo-o; o defeitozinho em Ezequiel, que deflagra a semelhança suposta.

A forma pela qual Machado de Assis trabalha com os restos, resíduos, com o detalhe aporta algo que nos concerne (talvez na própria relação com a obra de arte no século XX, na desmontagem dos objetos, na relação com os traços mínimos, como nos efeitos de subversão de uma ordem estabelecida), como tentamos esboçar, por exemplo em torno do trato da obliqüidade dos olhos de ressaca.

Próximo ao tempo da escrita de *Dom Casmurro*, em outro contexto, Freud encontra-se trabalhando a partir dos efeitos produzidos por obras de arte que o impressionam de forma intensa. Está às voltas com o Moisés de Michelangelo, com as leituras contraditórias que a escultura suscitou entre os críticos de arte. Teria Michelangelo querido criar sua escultura como uma obra independente do tempo, ou representar Moisés em um momento determinado de sua história? Freud vai tecendo o trabalho a partir de traços, detalhes da escultura que vai destacando, a forma como Moisés apóia a mão na barba, a maneira pela qual segura as tábuas da lei, o olhar, o repouso da mão, elementos que vão pautar as escolhas, os cortes e, portanto, a direção de sua leitura.

No âmbito dessa discussão Freud observa que, muito tempo antes do trabalho da psicanálise, um crítico de arte russo, Ivan Lermolieff[3], produziu uma verdadeira revolução nas galerias de arte, de pintura européias, ao revisar o critério de distinção entre cópia e original. Encontrava a distinção entre umas e outras com precisão, liberando as obras da classificação anterior, do exame segundo o critério da impressão de conjunto, ressaltando, ao contrário, a importância dos detalhes, dos traços secundários. Freud traz os exemplos: a forma das unhas, o lóbulo da orelha, a auréola dos santos, traços que os copistas poderiam descuidar, mas não o artista, nesses detalhes é que o artista produziria em estilo próprio, singular. O comentário de Freud é da afinidade que encontra entre este procedimento e a psicanálise, uma vez que a psicanálise segue, a partir dos traços pouco relevantes, descuidados, do "resíduo" (ele utiliza o termo), para a observação daquilo que está oculto ou encoberto.

Didi-Huberman, quando se ocupa da questão da forma, diz trabalhá-la perto da idéia de processo, de formação freudiana: formação de sintoma, formação no sonho, formações do inconsciente.

Aqui podemos retomar a proposição de R. Chemama (2002, p. 65), onde destaca, a propósito das formações do inconsciente, seu caráter de

---

[3] Ivan Lermolieff assinava alguns artigos sobre a pintura italiana como se fosse um estudioso russo, sendo, na verdade, o italiano Giovanni Morelli. O pseudônimo, observa Carlo Ginsburg, é quase um anagrama do nome verdadeiro.

enigma, de acidentes de sentido; onde o analisante pensa dominar o discurso tropeça, produz o lapso, tenta reorientar a compreensão, entender o que causou o tropeço, mas "... a experiência mais autêntica, a experiência original está no próprio deslizamento. Algo faz buraco no discurso, eis o que é certo". O que faz a diferença não é o sentido do que "se queria" dizer, aponta Chemama, mas justamente o fato de ter dito "desse jeito", e o fato de que nesse dizer, para além das intenções, se está mais perto da verdade.

Assim, analista e escritor, guardadas as devidas diferenças, estão implicados com as questões de forma e linguagem.

> O analista toma o sujeito pela palavra. Dizemos, então, que ele pode tomar o texto à letra. Ele não procurará ali um sentido, profundo, essencial, único, mas estará atento ao próprio funcionamento da escrita. A interpretação, se conservarmos este termo, não será uma metalinguagem, remetendo o discurso de um escritor a um saber já construído. Ela será corte, escansão operada sobre os traços da própria escrita, que permite fazer sobressair o que já está (Chemama, p. 65).

Sem dúvida, o texto de Machado de Assis é concentrador "disso que já está", na fabulação, na subjetividade que tem contexto e tempo no Brasil que ao mesmo tempo ele inventa.

Conclusão

Nosso desenvolvimento consistiu em construir a possibilidade de pensar *Dom Casmurro* na relação com o texto freudiano "O estranho". Uma das questões levantadas, ao iniciá-lo, foi: não seria *Dom Casmurro* uma dessas vias de escrita, de trazer à cena o que entra em jogo quando se trata do mal-estar, da angústia, de questões que dizem respeito ao que inquieta, território do estranho familiar? Ao mesmo tempo, fazendo um outro cruzamento, tratava-se de pensar que esse mal-estar não é separado das questões que determinam e que têm efeitos nas condições de enunciação até nossos dias.

"O estranho" é, ao mesmo tempo, um dos textos freudianos que traz, de forma mais direta, a imbricação da literatura e da psicanálise enquanto possibilidade de pensar a subjetividade. A literatura não está ali como ilustração, mas se constitui em oportunidade para pensar a estrutura. As palavras de P.L. Assoun dão bem essa dimensão quando se refere a "O estranho" (p. 101):

> Há um momento de verdade do inconsciente à obra na literatura. Para além do gênero literário particularmente concernido – "literatura" dita "fantástica", o que se joga aqui é a tomada (prise) na letra, então, de alguma forma, à letra (*littera*) – do "estranho". Isto não somente se vive, mas também se escreve.

Freud ocupou-se disso que "se vive" (realidade psíquica), respondendo às interrogações e aos impasses da clínica, da escuta de seus pacientes.

Machado de Assis, poderíamos dizer, trabalhou, de alguma forma, com o "isso" freudiano (o inconsciente) desde a perspectiva do escritor, "isso se escreve". Este é talvez o saldo, após este percurso: é possível olhar para *Dom Casmurro* a partir do estranho familiar.

"O estranho" marca uma posição importante em Freud a respeito de seu olhar sobre a obra de arte, o que situa no início do ensaio. Diz que as aproximações estéticas têm preferido, até aquele momento, tratar do belo, do grandioso, do atraente, na acentuação dos traços positivos, mais do que dos que trazem os sentimentos opostos, repulsivos, desagradáveis. E segue justamente nesta segunda direção. O estranho, tramado ao "Homem da areia" de Hoffmann, tem relação com o que produz mal-estar, com aquilo que, no campo do sujeito, deveria permanecer oculto e termina por se manifestar, fonte da inquietante estranheza.

Freud faz um trabalho extremamente cuidadoso no trato com a linguagem, com os deslocamentos que levam o termo alemão *unheimlich*/estranho até a significação de *heimlich*/familiar. É comum pensarmos que o estranho diz respeito às situações, experiências as mais afastadas, mais estrangeiras a nós mesmos. O que Freud evidencia é que, no que diz respeito aos processos inconscientes, o que produz efeito de estranho, espantoso, angustiante tem relação com o que é extremamente familiar, porém recalcado. Assim *unheimlich* se desloca até seu oposto – *heimlich* –, aquela categoria do assustador que remete ao que é conhecido, desde muito tempo familiar.

O homem da areia funciona como um operador, para Natanael, das questões que produzem o trabalho incessante da relação entre o pai, Coppellius, Spalanzani e Coppola; passado, presente, memórias, tudo articulado em um turbilhão, simultaneidade que comanda o seu destino. O vendedor de lunetas, no conto, produz a inquietante estranheza que remete o personagem às fantasias que cercaram a morte de seu pai e ao desamparo com o qual tem que se enfrentar enquanto filho. É olhando através da luneta do misterioso Coppolla que Natanael encontra o estranho.

No trabalho com o texto "O estranho", deparamo-nos com um trecho que nos chamou especialmente a atenção, em função de uma discrepância na tradução do texto em alemão para as obras de Freud no português. Há algo na passagem entre as línguas que se perde – inevitavelmente – e que pode ser valioso destacar, a propósito do olhar pela luneta. Depois de escrever sobre o conto "Homem da areia", Freud diz que Hoffmann pretende também – no texto em português – "fazer-nos olhar através dos óculos ou do telescópio..." (p. 288), aludindo à luneta do vendedor Coppolla. No alemão, a mesma frase aporta um elemento a mais: "[...] percebemos que pretende, também, fazer-nos olhar a nós mesmos através dos óculos do demoníaco oculista [...]" (p. 254). Na versão para nossa língua perde-se o vetor reflexivo que o texto original aporta: fazer-nos olhar *a nós mesmos*, o que faz toda a diferença. Isto nos permitiu pensar que Freud já antecipava duas direções, pelo menos: a dimensão do horror, do que não temos como dar conta, estando nós mesmos enquanto esse olho que olha através da lente de Coppola, e também a de estarmos no lugar disso que é olhado, objeto desse olhar. Como se pudéssemos jogar (ou sermos jogados) nos diferentes lugares. Aproximamo-nos aqui das reversões na dinâmica pulsional, tão trabalhada na releitura de Freud por Lacan.

Aqui encontramos o fio condutor de nosso desenvolvimento, a partir da hipótese inicial, a de que Freud em "O estranho" privilegia o encontro com a obra naquilo em que esta põe em relevo; não as harmonias, mas sim as dissonâncias (análogo ao que Schwarz aponta no estilo de Machado). São escritos que não recuam quanto às fraturas, conflitos, rachaduras, pontos de estranhamento e de subversão, estes que consistiam também um viés da interrogação freudiana a partir dos enigmas do trabalho clínico, ecos das bordas do real, do impossível do fora-simbolização.

Quanto ao demoníaco, inspirado em Hoffmann e referido no texto freudiano, encontramos o deslizamento do termo (mais ligado ao fantástico) para o caráter demoníaco que pode ser produzido como efeito dos circuitos de repetição, pulsionais, inconscientes. O *unheimlich* fica situado, assim, em um quadro de mal-estar, trânsitos, ambigüidades e deslocamentos.

Ora, não é este o próprio habitat do "narrador incerto" de *Dom Casmurro*?

Quando Freud relaciona o estranho com a produção ficcional, traçando as diferenças entre o que se passa na experiência subjetiva e o que se encontra na obra literária, aponta que frente a situações da realidade que produzem o estranho cada um está sob a influência dos temas e das circunstâncias do vivido, enquanto que na narrativa dependemos da direção que o autor franqueia. Há uma independência dos temas com relação à produção de estranho (ex. O Fantasma de Canterville, os fantasmas shakespeareanos, contos de fadas, etc, que não resultam em estranho pela temática). O que nos indica é que em matéria de estranho tudo vai depender do jogo posicional que se estabelece entre a narrativa e o leitor.

Isso é o que fica como ponto crucial: é relativo ao lugar desde onde o leitor pode ser convocado pelo texto em que o estranho se articula, muito mais do que por sua temática. Para além da linearidade de um tema, nos encontramos com um caminho de torção, de movimento que se altera dependendo da circulação dos lugares para onde o leitor pode ser convocado.

É possível que meu texto tenha sido também, por vezes, levado por esse movimento de vai e vem entre *Dom Casmurro* e as vertentes do estranho de maneira entremeada, pouco linearmente. Talvez marcas na escrita (essas coisas que só encontramos uma vez o trabalho concluído), efeitos do campo de origem de minha prática, essa forma quem sabe um pouco "moebiana" de aproximação (já que fita de Moebius[1] é uma figura que prezamos especialmente, por algumas boas razões).

Dom Casmurro é fundado em um inquietante mal-estar. O que foi recortado no trabalho com o texto foram momentos que podem ser apontados como cruciais quanto à condição de virada, de subversão concernente ao narrador, onde podemos fazer uma relação com o território do estranho familiar (tendo como pano de fundo a angústia, o real e o mal-estar), por vezes uma relação direta; outras, aproximativa. Aproximativa por ter a preocupação de não "psicanalisar" o texto ou o narrador, o que pode ser a tentação a ser evitada, já que a riqueza que a obra pode nos oferecer é diretamente ligada à condição de não tentar submetê-la.

O que me interrogou em *Dom Casmurro* foi o tecido construído a partir da voz do narrador indicando, este, os caminhos de sua convicção, da culpa de Capitu, chamando o leitor a preencher as lacunas, apontando caminhos e direções que serão ao mesmo tempo desfeitos e desautorizados. Narrador de nosso tempo, não distanciado ou onisciente, mas fraturado, contraditório. Na obra podem ser destacados três momentos em especial, já

---

[1] A fita de Moebius é uma figura topológica que por um corte e uma torção pode ser percorrida por uma só face e uma borda contínua. Não há dentro e fora.

enunciados desde a introdução deste trabalho: a duplicação da casa (o eu e seu desconhecimento); os olhos de ressaca (virada do lugar de sujeito a objeto); Escobar reeditado em Ezequiel (o especular no ciúme, a impossível paternidade). Momentos de reviravolta, desacomodação, desamparo, a perda do terreno firme, podemos dizer. São passagens que pareceram, ao mesmo tempo, levar para muito perto do estilo do autor, de sua forma de estar e ser tomado pela linguagem.

Jean Rousset (1998) ressalta que, em toda obra viva, o pensamento não é dissociado da linguagem que ela inventa para se pensar, a experiência vai instituir-se e desenvolver-se através das formas. Este trabalho, ao final, foi na direção de levantar algumas questões, esboçando algumas vias de leituras que nos permitissem contribuir para o debate: como pensar a forma pela qual *Dom Casmurro* se escreve? Em que quadro discursivo o "narrador incerto" de Machado de Assis vem a se produzir? Como a narrativa ficcional de memórias machadiana interroga o nosso tempo?

Passamos pela discussão sobre o Realismo, Machado de Assis criticando a escola realista de sua época pela prática do inventário e pela falta de "força moral" dos personagens (crítica a Eça de Queiroz); seguimos pela discussão nos nossos dias: seria Machado um escritor de filiação realista? As posições divergem, mas o debate pode ser mais fecundo do que uma classificação. Foi, é certo, diferente do realismo de seu tempo. O narrador inconfiável, a disposição de jogar com a estrutura do romance, as digressões, a ênfase na memória, tudo isso se encontra antecipado em *Dom Casmurro* enquanto forma, nos diz John Gledson, como uma sofisticada aproximação da estrutura dos textos mais recentes. Ainda assim, prefere considerar o romance não como uma destruição, mas como uma ousadia na ampliação das fronteiras e capacidades do Realismo.

Uma coisa é certa: Machado escreve em tempos de crise da representação, não há mais lugar, segundo Fischer (1998), para uma voz que enuncie o relato em posição inquestionável, serena e distanciada.

Para Hansen, Machado tece seu estilo a partir das ruínas de um mundo pré-moderno.

Em seu ensaio sobre "O narrador", Walter Benjamin escreveu que um provérbio é uma ruína no lugar de uma velha história, e poderíamos dizer que

Machado escreveu provérbios narrativos irônicos, que sabem de seu próprio desamparo. Nada mais moderno que uma ruína dessa (Wood, 2001, p. 15).

Ruínas, restos, detalhes, fragmentos de memória. *Dom Casmurro* se escreve como narrativa ficcional de memórias, assim que nos perguntamos da forma, do trato da questão da memória no texto.

Trabalhamos a partir da leitura que Roberto Schwarz faz de *Dom Casmurro* em um ponto específico: a grande virada da posição do narrador no romance, para Schwarz, é pautada pelo abandono, por Bento Santiago, da posição de filho pela de pai e proprietário. Parece-nos que esta mudança (inconclusa) pode ser pontualmente situada no jogo de memória que se arma a partir do Panegírico de Santa Mônica, em um modo de combinatória que poderíamos relacionar, retomando aqui a contribuição de Benjamin, com a metáfora das constelações. Articulação entre a história e a memória, entre o passado e o presente, onde novas conexões surgem pautadas pelo agora, produzindo um "efeito" de origem a partir de sua formulação, desarticulação de uma leitura linear da história, ou mesmo de uma narrativa. O Panegírico pode restar como a figuração congelada de uma questão que atravessa todo o romance, em suspensão.

A proximidade com a constelação benjaminiana pode ser um elemento a levar em consideração nessa nova forma de trato com a memória no texto ficcional que encontramos em *Dom Casmurro*. Os fragmentos de memória, os restos, os detalhes podem ser tomados de formas diversas. À diferença de uma correspondência com a realidade (realismo que Machado critica), há como tomar o detalhe como traço mínimo que subverte a noção de conjunto, como pontos de abertura ou de obturação, pontos de ruptura (como a experiência do estranho, na "ruptura do tecido do mundo"); assim como o efeito dos olhos de ressaca sobre Bentinho; a casuarina em forma de ponto de interrogação que interpela Bento Santiago, desconhecendo-o; o *defeitozinho* em Ezequiel, que faz o destaque para a semelhança suposta.

A forma pela qual Machado de Assis trabalha com os restos, os resíduos, com o detalhe, aporta algo que nos concerne – talvez na própria relação com a obra de arte no século XX, na desmontagem dos objetos, na relação com os traços mínimos, como nos efeitos de subversão de uma ordem estabelecida.

Conclusão

Quando Freud destaca o trabalho do crítico de arte que valoriza o detalhe da pintura para dizer do estilo do artista, o faz no contexto da pergunta que cercava a obra Moisés, de Michelangelo: teria Michelangelo querido criar sua escultura, Moisés, representando-o independente do tempo, ou em um momento determinado de sua história?

Seria possível tal escolha? Levando a questão para perto de Machado de Assis e seu *Dom Casmurro*, lembramos a posição de René Passeron ao afirmar que criar é sempre criar um futuro, mas que isso não é sem passado. Criar um futuro lemos como ponto de abertura, as conexões imprevistas, ao mesmo tempo o ex-nihilo da criação. Não é sem passado enquanto é de um contexto, língua, tempo e discursos que isso se funda, tira as condições de sua produção (que constituem nossos fantasmas, o" morto embaixo da cama", como diz Schwarz, nossas relações com o especular, as identidades, identificações, etc).

Quando estava por concluir este trabalho, em algum momento me dei conta de que ao longo da articulação Freud–Machado via "O estranho" e *Dom Casmurro*, todos os pontos de trabalho com o texto literário passaram pela questão do olhar, o que certamente não andou pela escolha consciente, intencional, mas que apareceu no só-depois. O homem da areia, onde o núcleo é a questão dos olhos e do olhar, a duplicação da casa onde Bento Santiago se acha no estranho pelos objetos que o olham e não o reconhecem, o naufrágio de Bentinho nos olhos de ressaca, a semelhança entre o filho e o amigo que depende de diferentes olhares. O olhar está mesmo no ressaltar o visual e o pictórico na temática da forma, na metáfora das constelações, quase imagens (as imagens dialéticas de Benjamin), e no olhar que em uma tela se deposita no detalhe para reconhecer o traço singular, o estilo do artista. O olhar pode ser lido, então, como uma vertente inadvertida do trabalho, abertura que me retorna como indicação para um trabalho posterior. A pergunta que surgiu foi a de se isso teria sido tributário exclusivamente da questão do estranho, que acentua a imagem, mas esta não me pareceu resposta suficiente. O que pensei, a seguir, foi considerar que a questão da obliqüidade do olhar, que tanto me ocupou, especialmente em "olhos de ressaca" e em "olhar de cigana oblíqua e dissimulada", seja algo que resulta verdadeiramente genial em Machado, e que puxou todo o resto. O olhar sem mediação, despido, direto em excesso, o convocador do estranho, que pode produzir colapso. A contrapartida, o olhar angulado, implicado com a passagem pelo Outro, olhar oblíquo, possibilitador de desejo. Em *Dom Casmurro* há momentos em que Bento Santiago olha sem poder angular, é o estranho, assim como existe um tempo em que o desejo abre passagem via os olhares oblíquos. Lembremos as palavras de Lacan afirmando que o inconsciente só se abre, só se entrega assim "meio de lado".

Essa é a conclusão que saltou sem convite, a de que Machado de Assis nos oferece esse achado extraordinário do oblíquo em movimento, ensinando-nos com seu texto algo de um movimento extremamente sutil e nodal da subjetividade. E que se emaranhou na trama de meu trabalho, ganhando terreno, como esses personagens secundários que crescem e terminam por roubar a cena, para além das intenções. Mas não será isso mesmo que podemos esperar de uma obra que seja viva?

Se formos conseqüentes com o que destacamos, o ato criativo não dissociado da linguagem pela qual se diz, podemos concluir afirmando que em *Dom Casmurro* o que trabalhamos tem a ver com a inquietante estranheza que está tramada indissociavelmente com a escrita e os traços que compõem o campo de referências (campo do Outro) da subjetividade no contexto brasileiro.

Bibliografia

Agamben, Giorgio. *Infancia e Historia*. Tradução de Silvio Mattoni. Buenos Aires: Adriana Hidalgo Editora, 2001.
Assis, Machado de. *Machado de Assis – Obra completa*. v. I e III. Rio de Janeiro: Nova Aguilar, 1997.
Assoun, Paul-Laurent. *Littérature et Psychanalyse*. Paris: Ellipses, 1996.
Benjamin, Walter. *Obras escolhidas – Magia e técnica, arte e política*. Tradução de Sérgio Paulo Rouanet. São Paulo: Brasiliense, 1994.
——————. *Origem do drama barroco alemão*. Tradução de Sérgio Paulo Rouanet. São Paulo: Brasiliense, 1984.
——————. *Paris, Capitale du XIX siècle, le livre des passages*. Paris: Éditions du Cerf, 1989.
Bergès, Jean; Balbo, Gabriel. *A atualidade das teorias sexuais infantis*. Tradução de Francisco Franke Settineri. Porto Alegre: CMC Editora, 2001.
Bosi, Alfredo; Garbuglio, José Carlos; Curvello, Mario; Facioli, Valentim. *Machado de Assis*. São Paulo: Ática, 1981.
Brayner, Sonia. *Labirinto do espaço romanesco*. Rio de Janeiro: Civilização Brasileira, 1979.
Caldwell, Helen. *O Otelo brasileiro de Machado de Assis*. Tradução de Fábio Fonseca de Melo. São Paulo: Ateliê Editorial, 2002.
Candido, Antonio; Rosenfeld, Anatol; Prado, Décio de Almeida; Gomes, Paulo Emílio Salles. *A personagem de ficção*. São Paulo: Perspectiva, 2000.
——————. *Formação da Literatura Brasileira*. 6ª edição. Belo Horizonte: Itatiaia, 1981.

————. *O discurso e a cidade*. São Paulo: Duas Cidades, 1993.

Chemama, Roland (org.). *Dicionário de Psicanálise*. Tradução de Francisco Franke Settineri. Porto Alegre: Editora Artes Médicas, 1995. Primeira edição – francesa – Larousse, 1993.

————. *Elementos lacanianos para uma psicanálise no cotidiano*. Tradução de Francisco Franke Settineri e Patrícia Ramos. Porto Alegre: CMC Editora, 2002.

————. La Jalousie (capítulo de introdução). *Revista Le Trimestre Psychanalytique*. Paris: Publicação da Association Freudienne Internationale, 1995.

Costa, Ana. *Corpo e escrita*. Rio de Janeiro: Relume Dumará, 2001.

Derrida, Jacques. *Demeure*. Paris: Galilée, 1998.

Didi-Huberman, Georges. *O que vemos, o que nos olha*. Tradução de Paulo Neves. São Paulo: Editora 34, 1998.

Duarte, Rodrigo; Figueiredo, Virgínia (org). *Mímese e expressão*. Belo Horizonte: Ed. UFMG, 2001.

Faoro, Raymundo. *Machado de Assis: a pirâmide e o trapézio*. 3ª edição. Rio de Janeiro: Globo, 1998.

Fischer, Luís Augusto. *Para fazer diferença*. Porto Alegre: Artes e Ofícios, 1998.

———— e outros. "Contos de Machado: da Ética à Estética". In: *Machado de Assis, uma revisão*. Rio de Janeiro: Fólio, 1998.

Freitas, Luiz Alberto Pinheiro de. *Freud e Machado de Assis, uma interseção entre psicanálise e literatura*. Rio de Janeiro: Mauad, 2001.

Freud, Sigmund. Edição Standard Brasileira das *Obras psicológicas completas de Sigmund Freud*. 2ª edição. Tradução de Jayme Salomão. Rio de Janeiro: Imago Editora, 1969.

————. *O delírio e os sonhos na "Gradiva"*, de W. Jensen (1906 [1907] v. 9, p. 17.

————. *O estranho* (1919), v. 17.

————. *A interpretação dos sonhos* (1898-99 [1900]), v. 4 e 5.

————. *Além do princípio do prazer* (1919-20 [1920]), v. 18.

————. *O mal-estar na civilização* (1930 [1929]), v. 21.

————. *O Moisés de Michelangelo* (1913 [1914]), v. 13.

———. *Sobre alguns mecanismos neuróticos nos ciúmes, a paranóia e a homossexualidade* (1921 [1922]), v. 18.

———. "Lo Siniestro". In: *Obras completas*. Tradução direta do alemão por Luis Lopez-Ballesteros y de Torres. 3ª edição. Madri: Editorial Biblioteca Nueva, 1973.

———. *Studienausgabe*. Frankfurt am Main: Fischer Verlag, 1982.

Gaarder, Joster. *Vita Brevis: a carta de Floria Emilia para Aurélio Agostinho*. Tradução de Pedro Maia Soares. São Paulo: Cia das Letras, 1997.

Gagnebin, Jeanne-Marie. *História e narração em W. Benjamin*. Campinas: Perspectiva, 1994.

Ginsburg, Carlo. *Mitos, emblemas e sinais: morfologia e história*. Tradução de Frederico Carotti. Rio de Janeiro: Cia das Letras, 1989.

Gledson, John. *Machado de Assis, impostura e realismo*. Tradução de Fernando Py. São Paulo: Companhia das Letras, 1999.

Graham, Richard. (org.). *Machado de Assis, Reflections on a Brazilian Master Writer*. Austin: University of Texas Press, 1999.

Hanns, Luiz. *Dicionário comentado do alemão de Freud*. Rio de Janeiro: Imago, 1996.

Hoffmann, E. T. A. *O homem da areia*. Tradução de Ary Quintella. Rio de Janeiro: Ed. Rocco, 1986.

Luckács, Georg. *A teoria do romance*. Tradução de José Marcos Mariani de Macedo. São Paulo: Duas Cidades, 2000.

Jensen, Wilhelm. *Gradiva, uma fantasia pompeiana*. Tradução de Ângela Melim. Rio de Janeiro: Jorge Zahar Editor, 1987.

Kaufmann, Pierre. *Dicionário enciclopédico de psicanálise – o legado de Freud e Lacan*. Tradução de Vera Ribeiro e Maria Luisa Borges. Rio de Janeiro: Jorge Zahar Editor, 1996. Primeira edição- francesa – 1993, Éditions Bordas, Paris.

Koltai, Caterina. (org.). *O estrangeiro*. São Paulo: Escuta e Fapesp, 1998.

Lacan, Jacques. *Conférences et entretiens dans des universités nord-américaines*. Scilicet 6/7. Paris: Éditions du Seuil, 1976.

———. *A angústia*. Recife: Publicação não comercial do Centro de Estudos Freudianos do Recife, 1997.

———. *A ética da psicanálise*. Tradução de Antonio Quinet. Rio de janeiro: Jorge Zahar Editor, 1988.

―――――. *As formações do inconsciente*. Tradução de Vera Ribeiro. Rio de Janeiro: Jorge Zahar Editor, 1999.

―――――. *Os quatro conceitos fundamentais da psicanálise*. Tradução de M. D. Magno. Rio de Janeiro: Jorge Zahar Editor, 1979.

Lerude, Martine. La jalousie: fragment nécessaire du discours amoureux ou effet de structure? A propos d'Un Amour de Swann. *Revista Le Trimestre Psychanalytique*. Paris: Publicação da Association Freudienne Internationale, 1995.

Miguel-Pereira, Lúcia. *História da Literatura Brasileira: prosa de ficção.* – de 1870 a 1820. Rio de Janeiro: José Olympio Ed/MEC.

Millot, Catherine. *La vocation de l'écrivain*. Paris: Éditions Gallimard, 1991.

Melman, Charles. *L'homme sans gravité – jouir à tout prix*. Paris: Éditions Denoel, 2002.

Monteiro, Valéria Jacó. *Dom Casmurro: escritura e discurso*. São Paulo: Hacker Editores, Cespuc, 1997.

Nestrovski, Arthur, Seligmann-Silva, Márcio. *Catástrofe e Representação*. São Paulo: Escuta, 2000.

Passeron, René. *La naissance d'Icare*. Vallenciennes: a e 2cg. Éditions, 1996.

Plon, Michel; Roudinesco, Élisabeth. Tradução de Vera Ribeiro e de Lucy Magalhães. *Dicionário de psicanálise*. Rio de Janeiro: Jorge Zahar Editor, 1998.

Poe, Edgar Allan. *A narrativa de Arthur Gordon Pym*. São Paulo: Cosac & Naify, 2002.

Rosset, Clément. *O Real e seu duplo*. Tradução de José Thomaz Brum. Porto Alegre: L&PM Editores, 1998.

Rousset, Jean. *Forme et Signification, essais sur les structures littéraires de Corneille à Claudel*. Paris: Librairie José Corti, 1979 (primeira edição – 1963).

―――――. *Narcisse romancier, essai sur la première personne dans le roman*. Paris: Librairie José Corti, 1972.

Saraiva, Juracy Assmann. *O circuito das Memórias em Machado*. São Paulo: EDUSP; São Leopoldo: Editora Unisinos, 1993.

Schur, Max. *Freud, vida e agonia – uma biografia*. Tradução de Marco Aurélio de Moura Matos. Rio de Janeiro: Imago, 1981.

Schwarz, Roberto. *Ao vencedor as batatas*. 3ª edição.São Paulo: Duas Cidades, 1988.

——————. *Duas meninas*. São Paulo: Ed. Companhia das Letras, 1997.

——————. *Que horas são?* São Paulo: Companhia das Letras, 1989.

——————. *Um mestre na periferia do capitalismo*. 4ª edição. São Paulo: Duas Cidades; Editora 34, 2000.

——————. *Seqüências brasileiras*. São Paulo: Companhia das Letras, 1999.

Seligmann-Silva, Márcio. *Ler o Livro do Mundo*. São Paulo: Iluminuras, 1999.

Senna, Marta de. *O olhar oblíquo do bruxo*. Rio de Janeiro: Nova Fronteira, 1998.

Shakespeare, William. *Otelo*. Tradução de Beatriz Viegas-Faria. Porto Alegre: L&PM Editores, 1999.

Soler, Colette. *A psicanálise na civilização*. Tradução de Vera Avellar Ribeiro e Manoel Barros da Motta. Rio de Janeiro: Contra Capa, 1998.

Sousa, Edson; Tessler, Elida; Slavutsky, Abrão. (org.). *A invenção da vida*: arte e psicanálise. Porto Alegre: Artes e Ofícios, 2001.

Wood, Michael. Artigo: "Um mestre entre ruínas". Caderno MAIS. Folha de São Paulo, 21 de julho de 2002, pp. 14-16.

Revista Scripta, vol III – *Machado de Assis*. número 6, 2002, PUC, Minas. Revista do pós-graduação em Letras e do CEDUS/PUC.

Revista USP, *Dossiê Walter Benjamin*. nº 15, set., out., nov. 1992.

OBRAS PUBLICADAS

Psicanálise e Tempo
Erik Porge

Psicanálise e Análise do Discurso
Nina Leite

Letra a Letra
Jean Allouch

Mal-Estar na Procriação
Marie-Magdeleine Chatel

Marguerite ou "A Aimée" de Lacan
Jean Allouch

Revista Internacional nº 1
A Clínica Lacaniana
A Criança na Clínica Psicanalítica
Angela Vorcaro

A Feminilidade Velada
Philippe Julien

O Discurso Melancólico
Marie-Claude Lambotte

A Etificação da Psicanálise
Jean Allouch

Roubo de Idéias?
Erik Porge

Os Nomes do Pai em Jacques Lacan
Erik Porge

Revista Internacional nº 2
A Histeria

Anorexia Mental, Ascese, Mística
Éric Bidaud

Hitler – A Tirania e a Psicanálise
Jean-Gérard Bursztein

Littoral
A Criança e o Psicanalista

O Amor ao Avesso
Gérard Pommier

Paixões do Ser
Sandra Dias

A Ficção do Si Mesmo
Ana Maria Medeiros da Costa

As Construções do Universal
Monique David-Ménard

Littoral
Luto de Criança

Trata-se uma Criança – Tomos I e II
*Congresso Internacional de Psicanálise
e suas Conexões – Vários*

O Adolescente e o Psicanalista
Jean-Jacques Rassial

— Alô, Lacan?
— É claro que não.
Jean Allouch

A Crise de Adolescência
Octave Mannoni e outros

O Adolescente na Psicanálise
Raymond Cahn

A Morte e o Imaginário na Adolescência
Silvia Tubert

Invocações
Alain Didier-Weill

Um Percurso em Psicanálise com Lacan
Taciana de Melo Mafra

A Fantasia da Eleição Divina
Sergio Becker

Lacan e o Espelho Sofiânico de Boehme
Dany-Robert Dufour

O Adolescente e a Modernidade – Tomos I, II e III
*Congresso Internacional de Psicanálise
e suas Conexões – Vários*

A Hora do Chá na Casa dos Pendlebury
Alain Didier-Weill

W. R. Bion – Novas Leituras
Arnaldo Chuster

Crianças na Psicanálise
Angela Vorcaro

O Sorriso da Gioconda
Catherine Mathelin

As Psicoses
Philippe Julien

O Olhar e a Voz
Paul-Laurent Assoun

Um Jeito de Poeta
Luís Mauro Caetano da Rosa

Estética da Melancolia
Marie-Claude Lambotte

O Desejo do Psicanalista
Diana S. Rabinovich

Os Mistérios da Trindade
Dany-Robert Dufour

A Equação do Sonhos
Gisèle Chaboudez

Abandonarás teu Pai e tua Mãe
Philippe Julien

A Estrutura na Obra Lacaniana
Taciana de Melo Mafra

Elissa Rhaís
Paul Tabet

Ciúmes
Denise Lachaud

Trilhamentos do Feminino
Jerzuí Tomaz

Gostar de Mulheres
Autores diversos

Os Errantes da Carne
Jean-Pierre Winter

As Intervenções do Analista
Isidoro Vegh

Adolescência e Psicose
Edson Saggese

O Sujeito em Estado Limite
Jean-Jacques Rassial

O que Acontece no Ato Analítico?
Roberto Harari

A Clínica da Identificação
Clara Cruglak

A Escritura Psicótica
Marcelo Muniz Freire

Os Discursos e a Cura
Isidoro Vegh

Procuro o Homem da Minha Vida
Daniela Di Segni

A Criança Adotiva
Nazir Hamad

Littoral
O Pai

O Transexualismo
Henry Frignet

Psicose, Perversão, Neurose
Philippe Julien

Como se Chama James Joyce?
Roberto Harari

A Psicanálise: dos Princípios
Ético-estéticos à Clinica
W.R. Bion – Novas Leituras

O Significante, a Letra e o Objeto
Charles Melman

O Complexo de Jocasta
Marie-Christine Laznik

O Homem sem Gravidade
Charles Melman

O Desejo da Escrita em Ítalo Calvino
Rita de Cássia Maia e Silva Costa

O Dia em que Lacan me Adotou
Gérard Haddad

Mulheres de 50
Daniela Di Segni e Hilda V. Levy

A Transferência
Taciana de Melo Mafra

Clínica da Pulsão
Diana S. Rabinovich

Os Discursos na Psicanálise
Aurélio Souza

Littoral
O conhecimento paranóico

Revista Dizer – 14
A medicalização da dor

Neurose Obsessiva
Charles Melman

A Erótica do Luto
Jean Allouch

Um Mundo sem Limite
Jean-Pierre Lebrun

Comer o Livro
Gérard Haddad

Do Pai à Letra
Hector Yankelevich

A Experiência da Análise
Norberto Ferreyra

A Fadiga Crônica
Pura H. Cancina

O Desejo Contrariado
Robert Lévy

Lógica das Paixões
Roland Gori

A Psicanálise de Crianças Separadas
Jenny Aubry

A SEREM EDITADOS:

Os Nomes Indistintos
Jean-Claude Milner

O Caminhante Analítico
Victor Smirnof

Gide-Genet-Mishima
Catherine Millot

Figuras do Real
Ginette Michaud

O Amor do Outro ao Amor de Si
Patrick Delaroche

A Topologia de Lacan
Jean-Paul Gilson

O Conhecimento Paranóico
Revista Litoral

Letra e Pulsão de Morte
Andre Green

A Arte de Reduzir as Cabeças
Dany-Robert Dufour

Enigma do Incesto
Laure Rozen

O Inferno do Dever
Denise Lachaud

A Quarta Mulher
Paul Tabet

O Sexo Conduz o Mundo
Colette Chiland

Lacaniana
Moutapha Safouan

Dez Conferências
Moustapha Safouan

Estados de Abandono
Jacques André

Transferência e Estados Limites
Jacques André

Da Paixão
Jacques André

Poetas, Crianças e Criminosos: sobre Jean Genet
Isidoro Vegh

A Violência na Adolescência
Pierre Kamerer

O Próximo
Isidoro Vegh

Para uma Clínica do Real
Isidoro Vegh

A Significação do Falo
Diana Rabinovich

A Angústia e o Desejo do Outro
Diana Rabinovich

O Fracasso do Fantasma
Silvia Amigo

A Topologia de Jacques Lacan
Jean-Paul Gilson

Do Amor do Outro ao Amor de Si
Ginette Michaud

As Figuras do Real
Patrick Delaroche

O Caminhante Analítico
Victor Smirnof

A Ambivalência Materna
Michele Benhaïm

IMPRESSÃO

GRÁFICA MARQUES SARAIVA
Rua Santos Rodrigues, 240 - Estácio / RJ
Telefax: (21) 2502-9498